고난의 삶에
소망을 말하다

The Bumps Are What You Climb On
by Warren W. Wiersbe

Originally published in English under the title:
The Bumps Are What You Climb On
Copyright ⓒ1980, 2002 by Warren W. Wiersbe
Published by Baker Books
a division of Baker Book House Company,
Grand Rapids, Michigan, 49516, U.S.A.

All rights reserved.

Korean translation copyright ⓒ 2005 by.Timothy Publishing House
Kwan-Ak P.O.Box 16, Seoul, Korea

이 책의 한국어판 저작권은 Baker Book House Company와의 독점판권 계약에 의해
도서출판 디모데에 있습니다. 저작권법에 의하여 한국 내에서 보호를 받는 저작물이므로
무단 전재와 무단 복제를 금합니다.

고난의 삶에 소망을 말하다

워렌 위어스비 지음 | 윤종석 옮김

빌과 도티 캠(Bill & Dottie Kam), 빌 스미스(Bill Smith),
에드와 헬렌 위어스비(Ed & Helen Wiersbe)를 추모하며
그리고 도리스 스미스(Doris Smith),
C. D.와 샬롯 위어스비(C. D. & Charlotte Wiersbe),
밥 워렌(Bob Warren)을 격려하며.

차례

머리말	9
1. 걸림돌을 딛고 올라서라	11
2. 하나님이 통치하시도다	16
3. 세 가지 중요한 시선	21
4. 너희를 버리지 아니하리라	26
5. 밤낮없이 돌보시는 분	31
6. 범사에 감사하라	36
7. 우울증 극복하기	41
8. 도피인가 성취인가?	46
9. 실망을 헤쳐 나가는 삶	51
10. 그분의 날개 아래	57
11. 반석에서 나오는 꿀	62
12. 중단 없는 전진	67
13. 고통의 골짜기를 지날 때	73
14. 승리한 후	78
15. 하나님의 인도의 청사진	83
16. 기도의 본질적 요소	88
17. 삶을 지탱하는 힘	93

18. 두려움을 이기는 비결 — 97
19. 베틀의 북 — 102
20. 도움, 소망, 행복 — 107
21. 영원히 우리를 격려하시는 분 — 111
22. 작은 일에서 얻는 큰 교훈 — 116
23. 용서하라 — 121
24. 가능성을 보라 — 126
25. 세 가지 보화 — 131
26. 기쁨이 가미된 삶 — 136
27. 삶의 역경을 위한 하나님의 자원 — 141
28. 정말로 중요한 부 — 145
29. 이 산지를 내게 주소서 — 150
30. 자족 — 155

머리말

어쩌면 상황이 더 나아졌을 수도 있지만 왠지 내가 보고 들으며 읽는 뉴스들은 지독히도 힘 빠지게 하는 것들이 대부분이다. 각종 언론 보도뿐만 아니라 개인적인 뉴스들까지 말이다. 우리는 힘겨운 시대를 살고 있다. 만나는 사람마다 전쟁을 치르고 상처를 싸맬 붕대를 찾고 있다.

그래서 이 책의 강조점은 격려에 있다. 당신의 앞길에 걸림돌이 있다면 그것을 딛고 더 높이 올라가는 법을 이 책을 통해 배울 수 있기 바란다.

이 책의 메시지는 본래 〈한밤의 노래(Songs in the Night)〉라는 무디교회 국제라디오 프로에서 방송된 것이다. 그래서 문체에 격식도 없고 간혹 반복되는 부분도 나온다. 7년간 시카고 무디교회 담임목사로 섬긴 것은 내 특권이었다. 훌륭한 라디오 스태프들과 함께 〈한밤의 노래〉를 제작한 일은 최고의 기쁨이었다. 매주 토요일 녹음 시간은 우리 모두에게 아주 특별한 시간이었다. 잊지 못할 것이다.

이 책을 사용해 세계 도처의 사람들을 격려해오신 주님께 감사드린다. 최고의 격려는 성경의 면면을 통해 하나님의 마음에서 나온다. 이 책이 20년이 넘도록 계속 인쇄되고 있다는 사실이 그 좋은 증거다. 여기 나온 메시지가 당신에게 격려가 된다면 그 격려를 주변 사람들에게도 전하기 바란다. 그들도 격려가 필요할 테니 말이다!

워렌 위어스비(Warren W. Wiersbe)

걸림돌을 딛고 올라서라

어느 소년이 여동생을 데리고 산길을 오르고 있다. 길이 순탄치 않다. 여동생이 투덜거린다. "무슨 길이 이래? 울퉁불퉁하고 돌투성이잖아." 그러자 소년이 답한다. "그럼, 걸림돌은 딛고 올라서라고 있는 거야." 얼마나 훌륭한 철학인가. 인생길의 걸림돌을 당신은 어찌하는가?

평생 전기를 많이 읽었지만 나는 문제와 역경 없이 탄탄대로를 구가한 사람은 하나도 보지 못했다. 멀리서 보면 그 사람들은 여건도 좋고 삶도 순탄해 보일 수 있다. 그러나 바짝 가보면 산정을 오르는 그들의 길도 쉽지 않았음을 알게 된다. 울퉁불퉁한 돌투성이 길이었다. 다만 걸림돌을 딛고서 산꼭대기에 다다랐을 뿐이다.

성경을 펴서 조금만 넘기면 그 진리가 나온다. 아브라함은 절대 하룻밤 사이에 위대한 믿음의 사람이 된 것이 아니다. 산정에 도달하기 전 그는 인생길의 여러 험난한 시험을 통과해야 했다. 아브라함이 가나안에 이르자마자 그 땅에 기근이 닥쳤다. 하나님이 약속하신 땅에서 기근을 만나다니, 한번 상상해 보라! 그러고나서는 조카 롯이 문제를 일으켰고, 얼마 후에는 그 땅에 전쟁이 터져 나가 싸워야 했다. 아내의 엉뚱한 충고를 따른 그는 곁길로 빗나갔고 그 결과 이스마엘이 태어났다. 아브라함의 마음에 슬픔을 안겨준 아들이었다. 마침내 아브라함과 사라에게 큰 기쁨을 준 약속의 아들 이삭이 태어났는가 했더니 하나님은 그에게 이삭을 제단에 바치라고 하셨다. 어느 부모라도 하기 어려운 희생이었다. 이렇듯 아브라함의 앞길에는 걸림돌이 많았으나 그는 오히려 그것을 딛고 더 높이 올라섰다.

돌밭 길을 간 사람이 있다면 단연 요셉이다. 아버지의 응석받이로 자란 그는 형들의 미움을 받아 노예로 팔렸고 거짓 고소를 당해 감옥에 갇혀 잊혀진 신세가 되었다. 버림받은 셈이다. 그러나 걸림돌은 오히려 도약의 발판이 되었다. 그리고 마침내 요셉은 온 애굽의 제2인자가 되었다. 모세도 비슷한 경험을 했고 다윗, 다니엘, 바울도 마찬가지다. 이들은 길을 불평하지 않았다. 오히려 삶의 역경을 받아들이고 그것을 디딤돌 삼아 산정에 올랐다.

나는 당신이 지금 어떤 역경을 겪고 있는지 모르지만 당신의 심정은 조금 안다. 나도 울퉁불퉁한 길을 걸어왔기 때문이다. 당신은 그만두고 싶을 것이다. 포기하고 싶을 것이다. 왜 길이 더 순탄해지지 않는지, 왜 하나님이 돌을 제하여 길을 곧게 해주지 않으시는지 이해할 수 없을 것이다. 그러나 만일 하나님이 그렇게 해주신다면 당신은 끝내 정상에 도달하지 못할지도 모른다. 걸림돌은 딛고 올라서라고 있는 것이기 때문이다.

시편 91편에 이런 말씀이 나온다. "지존자의 은밀한 곳에 거하는 자는 전능하신 자의 그늘 아래 거하리로다"(1절). 자녀들을 돌보시는 하나님의 모습을 잘 보여주는 이 시에는 전쟁, 올무, 질병, 밤의 공포, 낮의 화살 등 위험이 11가지나 열거된다. 그럼에도 하나님은 그 모든 위험에서 우리를 친히 보호하고 있다고 말씀하신다. 이는 우리가 사고나 피해를 전혀 당하지 않는다는 말이 아니다. 하나님 뜻 안에서 무슨 일이 닥치든 모든 것이 합력하여 선을 이룬다는 말이다.

시편 91편의 위대한 약속 중 하나는 길의 돌과 관련된 것이다. "저가 너를 위하여 그 사자들을 명하사 네 모든 길에 너를 지키게 하심이라 저희가 그 손으로 너를 붙들어 발이 돌에 부딪히지 않게 하리로다"(11-12절). 하나님은 길의 돌을 없애주겠다고 약속하지 않으신다. 다만 그것이 걸림돌이 아니라 디딤돌이 되게 하겠다고 약속하신다. 삶의 역경으로 인해 더 높이 오르게 하겠다고 약속하신다.

길 가다 돌을 만나면 우리들 대부분은 뻔한 방식으로 반응한다. 불평한다. 발로 차려다 괜히 다치기만 할 뿐이다. 주워서 치우려 해도 돌이 너무 무겁다. 그렇다고 매번 옆으로 돌아갈 수도 없다. 위로 넘어갈 수 없을까 생각도 해본다. 어떤 사람들은 그 자리에 멈추어 더 이상 가지 않는다. 포기하고 뒤돌아가는 사람들도 있다. 그러나 하나님의 자녀는 멈추거나 뒤돌아갈 필요가 없다. 삶의 울퉁불퉁한 곳을 디딤돌 삼아 더 높이 오를 수 있다.

우리들 대부분의 문제는 우리가 포장도로와 평평한 인도에 익숙해졌다는 것이다. 하지만 인생길은 그렇지 않다. 물론 길이 평평하고 순탄할 때도 있다. 새들이 노래하고 경관도 아름답다. 그러나 울퉁불퉁한 돌투성이 길일 때도 있다. 음악도 들리지 않고 도와주는 이도 없는 것처럼 느껴진다. 그럴 때는 어찌할 것인가? 불평할 것인가? 포기할 것인가? 아니다. 그때야말로 하나님의 약속을 기억할 때다. "저가 너를 위하여 그 사자들을 명하사 네 모든 길에 너를 지키게 하심이라." 하나님의 보이지 않는 군대가 당신을 돕고 있다. 하나님이 당신을 끝까지 지키신다.

〈피너츠(Peanuts)〉 만화의 찰리 브라운(Charlie Brown)은 내가 제일 좋아하는 캐릭터 중 하나다. 어느 장면에서 그는 자기 팀이 항상 시합에 진다며 투덜거렸다. 루시(Lucy)가 이런 말로 그를 위로하려 한다. "잊지 마, 찰리 브라운. 승리보다 패배에서 배우는 것이 더 많은 거야." 그러자 찰리 브라운이 대답한다. "그렇다면 난 세상에서 제일 똑똑한 사람이네."

삶이 패배 일색이라면 우리는 다 낙심할 것이다. 하나님은 우리 삶에 균형을 맞출 줄 아신다. 그래서 우리는 햇빛과 비, 잔잔함과 풍랑, 웃음과 눈물을 고루 맛본다. 인생길에는 평평하여 즐거운 길목도 있고 힘겨운 도전의 길목도 있다. 하나님 뜻의 정로를 벗어나 우회로를 택하면 길은 시종일관 험하다. 우회로는 언제나 본 도로보다 험하다. 그러나 하나님이 정하신 길에도 울퉁불퉁한 걸림돌이 있다. 우리는 그것을 받아들이고 선용하는 법을 배워야 한다. 걸림돌은 딛고 올라서라고 있는 것이다.

그러려면 믿음이 필요하다. 돌을 걷어차고 뒤돌아가는 편이 훨씬 쉽다. 더 높이 오르는 비결은 나와 내 역경에서 시선을 거두고 믿음으로 예수 그리스도를 바라보는 것이다. 내가 어디에 있고 내 심정이 어떠하며 여기서 어찌해야 하는지 그분은 아신다. 모든 것을 그분께 맡기고 믿음으로 걷기 시작하라. 인간의 눈에 장애물처럼 보이는 그 돌이 믿음의 눈으로 보면 축복으로 변한다. 시편 91편 15절의 약속을 들어보라. "저가 내게 간구하리니 내가 응답하리라 저희 환난 때에 내가 저와 함께하여 저를 건지고 영화롭게 하리라."

인생길에서 장애물에 부딪친 사람을 꼽자면 단연 우리 주 예수 그리스도시다. 그분은 거부당한 소수민족의 일원으로 가난한 집안에 태어나셨다. "나사렛에서 무슨 선한 것이 날 수 있느냐"고 비웃을 때나 회자되는 작은 마을에서 주목받지 못하고 자라셨다. 그분은 별로 내세울 것 없는 남자들 여남은 명을 주변에 모으셨는데, 그 가운데 한 명은 배반자가 되어 노예의 몸값에 그분을 팔았다. 사람들은 그분을 거짓말쟁이, 먹기를 탐하는 사람, 술고래, 마귀와 한통속인 자라 불렀다. 사람들이 말꼬리를 잡고 동기를 의심해도 예수 그리스도는 계속 하나님 뜻을 행하셨다. 마침내 그분 앞에 가장 큰 걸림돌이 나타났다. 여느 강도처럼 십자가에 달리셔야 했던 것이다. 그래도 그분은 그 산을 오르셨고 하나님은 그분에게 승리를 주셨다.

그래서 히브리서 기자는 우리에게 예수 그리스도를 바라보며 믿음을 지키라고 권한다. "믿음의 주요 또 온전케 하시는 이인 예수를 바라보자 저는 그 앞에 있는 즐거움을 위하여 십자가를 참으사 부끄러움을 개의치 아니하시더니 하나님 보좌 우편에 앉으셨느니라"(12:2). 우리가 바라보아야 할 것은 나 자신이나 환경이나 문제나 길의 걸림돌이 아니라 예수님이다."

그렇다, 걸림돌은 딛고 올라서라고 있는 것이다!

하나님이 통치하시도다

하나님은 보좌에 계신다! 요한계시록 19장 6절에는 사도 요한의 힘찬 격려의 말이 나온다. "할렐루야, 주 우리 하나님 곧 전능하신 이가 통치하시도다."

때로는 우주의 보좌가 비어 있는 것처럼 보인다. 폭력과 범죄가 난무하는데 마땅히 수반되어야 할 정의는 매번 보이지 않는다. 진리는 퇴색하고 거짓이 성행한다. 하나님이 지으신 세상을 악이 지배하는 것 같다. 그리스도를 믿고 순종하려 애쓰는 것이 과연 잘하는 일인지 의아해질 때도 있다.

사도 요한이 살던 시대도 요즘과 크게 다르지 않았다. 요한계시록을 쓸 때 그는 편안한 교회 서재나 대학 도서관에 앉아 책 더미와 그를 우러러보는 학생들에게 둘러싸여 있지 않았다. 아니, 그러기는커녕 로마의 죄수로서 에게 해로 둘러싸인 밧모 섬에 유배되어 사랑하는 이들과 떨어져 있었다. 그리스도를 신실하게 섬기다 이제 귀양지에서 홀로 감금된 채 신앙 때문에 고난당하는 이 노인을 한번 상상해보라. 그럼에도 그가 쓰는 책의 주제는 자신과 자신의 시련이 아니라 예수 그리스도와 그분의 승리다. 그는 "화로다, 나여. 시저가 보좌에 있음이여"라고 쓰지 않는다. 그것은 믿음의 언어가 아니다! 아니, 그는 이렇게 쓴다. "할렐루야, 주 우리 하나님 곧 전능하신 이가 통치하시도다."

우주의 보좌가 빈 것처럼 보일지 모르지만 그렇지 않다. 하나님은 여전히 보좌에 앉아 계신다. 해마다 모든 로마 시민은 시저에게 바치는 제단에 나아가 향을 사르며 "시저는 주(主)시다"라고 말해야 했다. 요한은 그러지 않았다. 그는 똑바로 서서 "예수 그리스도는 주시다!"라고 당당히 말했다. 그러자 그들은 그를 붙잡아 귀양 보냈다. 하지만 요한은 자신을 시저의 포로로 여기지 않았다. 그는 예수 그리스도의 포로였던 것이다! 그는 고난당하는 것이 아니라 그리스도의 영광에 동참하고 있었다. 아무리 시절이 어둡고 짐이 무거워도 요한은 하늘을 우러러보며 고백할 수 있었다. "할렐루야, 주 우리 하나님 곧 전능하신 이가 통치하시도다."

하나님은 오늘도 통치하고 계신다. 그분은 보좌에서 내려와 원수에게 우주를 내준 것이 아니다. 세상의 많은 일들이 그분 뜻과 어긋나게 돌아가고 있는 것은 사실이다. 그러나 그분이 직접 다스리지 않는 영역도 실은 그분 수하에 있다. 그분 뜻은 꼭 이루어진다. 어디까지나 그분은 주시다. 주 하나님 곧 전능하신 이, 못하실 일이 없는 분이다.

그 하나님 손 안에 우리는 자신의 삶과 사랑하는 이들을 맡길 수 있다. 낙심되거나 걱정되거나 두려울 때 '주 우리 하나님 곧 전능하신 이가 통치하심'을 잊지 말라. 이것이 험한 세상 가운데 평안과 기쁨을 누리는 비결이다. 선지자 이사야도 자기 세계가 무너졌을 때 거기서 힘을 얻었다. 당시 유다는 경건한 왕 웃시야가 다스리고 있었다. 그는 백성들을 위해 기사(奇事)를 행한 왕이었다. 그러던 어느 날 웃시야가 죽었다. 이사야는 세상이 끝난 줄 알았다. 이사야서 6장에 그 이야기가 나온다. "웃시야 왕의 죽던 해에 내가 본즉 주께서 높이 들린 보좌에 앉으셨는데 그 옷자락은 성전에 가득하였고"(1절). 얼마나 엄청난 광경이었을까! 지상의 보좌는 비어 있었지만 하늘의 보좌는 가득하였다. 땅에서는 사람들이 통곡하고 있었지만 하늘에서는 천사들이 하나님을 찬양하고 있었다. "거룩하다 거룩하다 거룩하다 만군의 여호와여, 그 영광이 온 땅에 충만하도다"(3절). 하나님의 보좌를 보고나서 젊은 이사야는 달라졌다. 새 사람이 되었다. 앉아서 불평하는 대신 이사야는 자신을 하나님께 바쳤다. 나가서 증거하기 시작했다.

사도 바울도 비슷한 경험을 했다. 사도행전 18장에 기록되어 있다. 바울은 말씀을 전하고 교회를 세우러 고린도 성에 갔다. 상황은 아주 열악했다. 우선 고린도는 아주 부도덕한 도시였다. 적들의 박해도 드셌다. 사실 바울은 그만두고 싶었을 것이다. 그러나 어느 밤 예수님이 바울을 찾아와 말씀하셨다. "두려워하지 말며… 내가 너와 함께 있으매… 이 성중에 내 백성이 많음이라"(9-10절). 바울은 고린도에 1년 반 동안 머물며 교회를 세우고 복음을 전했다. 무엇 때문에 달라졌을까? 바울은 하나님이 여전히 보좌에 계심을 깨달았던 것이다.

이 어려운 세상을 제대로 살려면 당신과 나도 그것을 깨달아야 한다. 우리는 자신의 통치에 의존할 수 없다. 약하고 무지하기 때문이다. 다른 사람들의 통치에도 그다지 의존할 수 없다. 그들도 약하고 무지하기 때문이다. 우리가 의존할 수 있는 것은 오직 우리 주요 구주이신 예수 그리스도의 지배와 통치뿐이다. 그분이 내 삶의 보좌 위에 계시다면 우리는 당당하고 용감하게 내일을 맞을 수 있다.

언젠가 나는 어느 여대생과 대화를 나누었다. 그녀는 인류 고래의 단골 문제인 세상에 존재하는 악의 문제에 지대한 관심이 있었다. 사랑과 능력의 하나님이 어째서 그런 만행과 악이 자행되도록 내버려두시는지 그녀는 이해할 수 없었다. 물론 나는 인류가 하나님께 반역한 열매를 거두고 있음을 그 학생에게 지적해주었다. 세상의 악은 하나님 탓이 아니라 우리 죄의 결과다. 뿐만 아니라 하나님은 인간에게 선택의 능력을 특권으로 주셨는데 인간은 계속해서 나쁜 길을 택하고 있다.

그러나 가장 큰 문제는 세상 속의 악의 존재가 아니라 오히려 선의 존재다! 하나님이 인류에게 심판을 퍼붓지 않고 계시다는 사실이야말로 내가 보기에 인간들이 서로에게 가하는 악보다 더 큰 문제다! 하나님은 보좌에 계신다. 그분은 지금 당장이라도 세상을 심판하실 능력이 있지만 진노를 참으신다. 지금은 심판의 날이 아니라 구원의 날이다. "주 우리 하나님 곧 전능하신 이가 통치하시도다." 단 오늘 그분이 택하신 통치는 진노의 통치가 아니라 은혜의 통치다.

사도 베드로는 베드로후서 3장에 그것을 확실히 설명한다. "오직 너희를 대하여 오래 참으사 아무도 멸망치 않고 다 회개하기에 이르기를 원하시느니라"(9절). 하나님이 세상의 죄나 당신의 죄를 아직 심판하지 않으신다고 해서 영영 심판하지 않으실 거라고 생각한다면 오산이다. 심판의 날은 오고 있다. 다만 지금 이 순간 하나님은 죄인들을 오래 참고 계신다. 그리스도를 믿어 구원받으라고 사랑과 은혜로 그들을 부르고 계신다. 조만간 은혜의 날이 끝나고 진노의 날이 시작된다. 그때는 너무 늦다. 은혜의 보좌는 심판과 정의의 보좌가 되고, 그리스도를 끝까지 믿지 않은 자들은 모두 영영 구원받지 못할 것이다.

당신은 하나님 보좌 앞에서 겸비해져서 그리스도께 삶을 드린 적이 있는가? 그분은 당신 대신 십자가에서 죽으셨다. 당신의 죄를 담당하셨다. 그런 그분이 당신을 용서하고 심판에서 구원하여 영원하고 풍성한 삶을 주기 원하신다. 당신은 그리스도의 통치를 정말로 기뻐하는가? 당신 삶도 그분이 통치하고 계신가? 당신 마음의 보좌에 그분이 계시다면 당신은 기쁨으로 내일을 맞이하며 이렇게 고백할 수 있다. "할렐루야, 주 우리 하나님 곧 전능하신 이가 통치하시도다."

세 가지 중요한 시선

중요한 사람들의 마지막 말은 언제나 내 흥미를 끈다. 나폴레옹(Napoleon)의 마지막 말은 "프랑스, 최고의 군대!"였다. 링컨(Lincoln) 대통령을 암살한 존 윌키스 부스(John Wilkes Booth)는 죽기 전에 두 마디를 남겼다. "허망하다, 허망해." 영국 해군의 영웅 넬슨(Nelson) 제독은 "내 본분을 다했으니 하나님께 감사하다"고 말했다. 그러나 사도 바울이 로마 감옥에서 쓴 말도 모든 최후의 명언 중에서 빼놓을 수 없다. "관제와 같이 벌써 내가 부음이 되고 나의 떠날 기약이 가까웠도다 내가 선한 싸움을 싸우고 나의 달려갈 길을 마치고 믿음을 지켰으니 이제 후로는 나를 위하여 의의 면류관이 예비되었으므로 주 곧 의로우신 재판장이 그 날에 내게 주실 것이니 내게만 아니라 주의 나타나심을 사모하는 모든 자에게니라"(딤후 4:6-8).

사형집행을 앞두고 바울은 자신의 귀한 사역 동지 디모데에게 고별 편지를 쓴다. 두려움과 불안의 편지가 아니라 확신의 편지다. 그의 말 속에는 고요한 확신이 배어 있다. 그는 죽음이 임박한 것을 알지만 그것도 그를 두렵게 하지 못한다. 자신의 일이 거의 끝난 것을 알지만 그것도 그를 낙심시키지 못한다. 그의 말은 용기 있고 차분하다. 위의 믿음의 고백에서 바울은 세 방향을 바라보며 주님께 대한 자신의 확신을 증거한다.

첫째, 바울은 곁을 둘러보며 자신이 준비되어 있음을 고백한다. 죽음을 그렇게 볼 수 있다니 얼마나 놀라운가! 그는 자신을 처형될 죄수로 보지 않고 주님의 영광을 위해 드려질 제물로 본다. 누가 그의 목숨을 빼앗는 것이 아니다. 그 스스로 자신의 생명을 주님께 바치는 것이다. 일찍이 예수님은 바울을 위해 목숨을 버리지 않으셨던가. 이제 대사도가 자기 구주를 위해 목숨을 버릴 차례다.

위 고백에 바울은 죽음이란 단어를 사용하지 않는다. 그 말이 두렵다거나 심지어 죽음 자체가 두려워서가 아니다. 다만 그리스도인에게 죽음이란 존재하지 않기 때문이다. 바울은 떠난다는 말을 쓴다. 헬라어로 이는 얼마나 아름다운 단어인가.

우선 이 말은 천막을 걷고 이동한다는 뜻이다. 군대가 진을 칠 때 병사가 그렇듯이 말이다. 바울은 자신을 천막, 즉 썩어질 몸에 거하는 하나님의 군사로 여겼다. 죽음이란 단순히 천막을 걷고 영광스런 새 집에 입주하는 것임을 그는 알았다. 우리 몸은 한시적 거처일 뿐이다. 주께서 우리를 집으로 부르시면 우리는 기이한 새 몸과 영원한 집을 받는다. 그것은 영원히 우리 것이다.

떠난다는 말에는 배를 풀어 항해에 오른다는 뜻도 있다. 그리스도인의 죽음이 바로 그런 것이다. 우리는 이생과 이 세상의 밧줄을 풀어 천국과 저 영원한 해안을 향해 뱃길에 오른다. 시인 테니슨(Tennyson)은 그 개념을 살려 유명한 시 〈모래톱을 넘어서(Crossing the Bar)〉를 썼다. 바울은 죽음이 단지 풀려나는 것임을 알았다. 감옥은 그의 영원한 집이 아니었다. 자신의 조각배가 풀려나면 그는 천국의 해안에 닿아 주 예수 그리스도를 만날 것이다.

당신도 바울처럼 확신에 차서 곁을 둘러볼 수 있는가? 자신을 드릴 준비가 되었음을 알 수 있는가? 그리스도를 구주로 믿었다면 당신은 준비된 것이다. 두려울 것이 없다.

삶의 막바지에서 바울은 곁을 둘러보았을 뿐 아니라 뒤를 돌아보았다. "내가 선한 싸움을 싸우고 나의 달려갈 길을 마치고 믿음을 지켰으니." 예수 그리스도를 믿었기에 바울은 두려움 없이 곁을 둘러볼 수 있었고 후회 없이 뒤를 돌아볼 수 있었다.

뒤를 돌아보지 않으려 하는 사람들이 많다. 물론 뒤를 돌아보는 데도 잘못된 방법이 있다. 과거의 죄와 실패와 패배를 돌아보는 것은 잘못이다. 그럴수록 오늘의 실패만 더 많아질 뿐이다. 하지만 내가 어디를 지나왔고 주께서 내 안에서, 나를 통하여 무슨 일을 하셨는지 돌아보는 것은 좋은 일이다.

바울이 뒤를 돌아보니 삶이 늘 순탄치만은 않았다. 그는 싸워야 했고 경주해야 했으며 청지기 직분을 다해야 했다. 가는 도시마다 세상과 육신과 마귀와 싸웠다. 그리고 지금 로마에서 마지막 싸움을 맞고 있었다. 실패할 것 같은 때도 있었지만 주님은 언제나 그를 지키셨다. 그는 "내가 선한 싸움을 싸웠다"고 쓸 수 있었다.

"나의 달려갈 길을 마쳤다"는 고백도 할 수 있었다. 이는 언제나 바울의 간절한 소원이었다. "나의 달려갈 길과 주 예수께 받은 사명[을]… 마치려 함에는"(행 20:24). 우리도 저마다 달려갈 길이 있다. 하나님은 우리에게 나만이 채워야 할 자리, 나만이 해야 할 일을 주신다. 우리의 시간은 그분의 손 안에 있다.

3. 세 가지 중요한 시선 23

일할 시간이 짧게 할당되는 사람들도 있고 좀더 긴 사람들도 있다. 스데반은 젊어서 죽었다. 바울은 그보다 오래 살았다. 그러나 중요한 것은 삶의 길이가 아니라 깊이와 힘이다. 바울은 달려갈 길을 마쳤다. 그는 자기 일을 끝마쳤음을 알고서 주님을 대할 수 있었다.

그는 믿음을 지켰다. 믿음에서 떠나는 그리스도인들이 바울 시대에도 있었다. 바울은 디모데에게 '후일에 어떤 사람들이 믿음에서 떠나(리라)'(딤전 4:1)고 경고했다. 여기서 믿음이란 '성도에게 단번에 주신 믿음,' 예수 그리스도의 생명을 치르고 하나님 말씀에 기록된 구원의 진리를 뜻한다. 선한 청지기답게 바울은 많은 싸움에서 믿음을 수호했고, 많은 이들의 삶 속에 믿음을 심어주었다. 이제 그는 무대를 떠나려 하고 있다.

시간을 내서 뒤를 돌아보라. 당신은 여태 선한 싸움을 싸웠는가? 당신은 승자인가 패자인가? 싸우는 중인가 부상자로 누워 있는가? 당신은 달려갈 길을 마쳤는가? 마음으로부터 하나님 뜻을 행했는가? 또 당신은 믿음을 지켰는가? 하나님 말씀의 가르침에 충실했는가? 바울은 두려움 없이 곁을 둘러볼 수 있었고 후회 없이 뒤를 돌아볼 수 있었다. 당신과 나도 그럴 수 있다고 믿는다.

바울은 곁을 둘러보고 뒤를 돌아보았을 뿐 아니라 앞을 내다보았다. "이제 후로는 나를 위하여 의의 면류관이 예비되었으므로 주 곧 의로우신 재판장이 그날에 내게 주실 것이니 내게만 아니라 주의 나타나심을 사모하는 모든 자에게니라."

삶의 종착점이 가까워지면 어떤 사람들은 두려워 앞을 내다보지 못한다. 성경은 우리에게 "한번 죽는 것은 사람에게 정하신 것이요 그 후에는 심판이 있으리니"(히 9:27)라고 경고한다. 그러나 바울은 두려움 없이 앞을 내다보았다. 장차 될 일을 알았던 것이다. 그는 주님을 만나, 그간 자신이 얻어둔 면류관을 주님께 받을 것이었다.

미래가 안전함을 알 때 심중에 찾아드는 평안, 그런 평안은 다시없다. 로마의 재판이나 법이 위대할지 몰라도 바울의 믿음은 거기 있지 않았다. 많은 친구들이나 자기 자신에게 있지도 않았다. 그의 믿음은 주님께 있었다. 그는 두려움 없이 곁을 둘러보았고 후회 없이 뒤를 돌아보았고 회의나 불안 없이 앞을 내다보았다. 예수 그리스도를 의지했기 때문이다. 로마는 그를 범죄자로 기록하겠지만 어린양의 생명책에서 그는 하나님의 자녀로 등재될 것이었다. 그리고 자신의 구주께 이런 말씀을 듣게 되리라. "잘 하였도다, 착하고 충성된 종아…."

언젠가는 당신과 나의 삶도 끝난다. 날짜나 시간은 아무도 모른다. 생각보다 빠른 사람들도 있을 것이다. 갑작스레 귀향길에 오를 수도 있고 로마 감옥에서 바울이 그랬던 것처럼 삶을 관조할 시간이 주어질 수도 있다. 바울이 마지막 편지에 절절히 증거했듯이 우리도 다 세 방향을 바라보며 똑같이 증거할 수 있다고 나는 믿는다. 당신의 마음과 삶을 예수 그리스도께 바치라. 남들이 어찌하든 당신은 그분께 충성하라. 중요한 것은 인간의 칭찬이 아니라 하나님의 인정이다.

너희를 버리지 아니하리라

　나는 하루를 시작할 때마다 나를 인도하고 격려해줄 하나님 말씀의 약속을 붙들곤 한다. 세상은 변한다. 상황도 변하고 우리도 변한다. 그러나 하나님 말씀은 절대로 변치 않는다. 오늘 당신과 나누고 싶은 위대한 약속은 시편 37편 25절이다. "내가 어려서부터 늙기까지 의인이 버림을 당하거나 그 자손이 걸식함을 보지 못하였도다." 다윗이 자신의 인생 경험을 바탕으로 쓴 말이다. 늙어서 자기 삶을 뒤돌아보던 다윗은 하나님이 그간 얼마나 신실하게 자기를 돌보셨는지 깨달았다.
　당신과 내가 아무리 늙고 싶지 않더라도 세월에는 속수무책이다. 어느 주일 나는 아이들 몇이서 교회 계단을 뛰어다니는 것을 보며 그 부모에게 이렇게 말했다. "저 많은 에너지를 어렸을 때 다 쓰다니 정말 유감입니다!" 나도 에너지와 시간이 더 많아 일을 더 많이 할 수 있다면 얼마나 좋으랴. 그러나 삶은 하루하루 흘러가고 우리는 어느덧 늙어가고 있다.

노화는 삶의 일부다. 바울은 말하기를 겉사람은 쇠해가지만 속사람은 날로 새로워진다고 했다. 몸은 하루가 다르게 늙어가지만 영은 점점 그리스도를 닮아간다. 영광에 하루씩 더 가까워지는 것이다. 삶의 각 단계마다 그에 따른 유익과 짐이 있다. 아이는 아무런 짐도 없이 실컷 놀 수 있지만 아직 미숙해 삶이 무엇인지 모른다. 십대는 어른의 특권이 약간 생기지만 어른의 책임도 약간 감당해야 한다. 미혼자는 기혼자보다 더 자유롭지만 그래도 대다수 사람들은 결혼을 원한다. 결혼하면 많은 짐이 덤으로 딸려오는데도 말이다. 젊은이들은 살면서 겪게 될 수많은 미지의 일들과 이제 막 부딪치기 시작했다. 중년층 사람들은 목표를 다 이루지 못해 때로 낙심에 빠진다.

그러다 우리는 노년을 맞는다. 할 일은 아직도 태산인데 아픈 몸과 재정 부담이 우리를 가로막는다. 그렇다고 인생이 통째로 큰 짐이라는 말은 아니다. 전혀 그렇지 않다! 다만 삶은 계속 흘러가고 우리는 늙어가며 삶의 각 단계에는 축복과 기회도 있고 짐과 의무도 있다는 말이다. **하나님이 항상 우리와 함께 계신다**는 다윗의 말은 놀라운 고백이다. 다윗이 젊었을 때 하나님은 그와 함께 계셔 거인을 죽일 수 있게 하셨다. 다윗이 늙었을 때도 그분은 그와 함께 계셨으며 나라를 안정시키고 성전 건축을 준비하게 하셨다. "내가 어려서부터 늙기까지 의인이 버림을 당하거나 그 자손이 걸식함을 보지 못하였도다." 이는 그리스도인의 기운을 북돋우는 약속이다. 당신이 어떻게 바뀌고 삶이 어떻게 변하든 하나님은 절대 변치 않으시며 그분의 약속은 절대 땅에 떨어지지 않는다.

노년을 맞은 다윗은 자신의 파란만장한 삶을 돌아보며, 하나님이 항상 자기와 함께 하셨다는 놀라운 결론에 도달했다. 하나님은 자기 백성들을 절대 버리지 않으신다. 이는 성경에 자주 등장하는 진리다. 예수님은 승천하시기 전에 제자들에게 "볼지어다 내가 세상 끝 날까지 너희와 항상 함께 있으리라"(마 28:20)고 말씀하셨다. 친구여, 얼마든지 확신해도 좋다. 하나님은 당신과 함께 계신다. 당신을 버리지 않으신다.

다윗의 삶을 보면 그가 언제나 하나님 뜻 가운데 행한 것은 아니었다. 낙심하여 주저앉고 싶을 때도 있었다. 시편을 읽어보라. 종종 넘어져 회의의 먹구름 속에 살고 있는 다윗을 볼 수 있다. 그러나 그때도 하나님은 그와 함께 계셨다. 다윗이 사울 왕을 피해 굴에 숨어 있을 때도 하나님은 그와 함께 계셨다. 심지어 그가 하나님의 도움을 의심할 때도 그분은 함께 계셨다. 패배와 낙심의 시간에도 하나님은 다윗을 버리지 않으셨다.

하지만 불순종의 시간은 어떤가? 그렇다, 다윗의 삶에도 하나님께 불순종하고 죄를 범한 순간들이 있었다. 하나님은 그런 죄마저 좋다 하셨는가? 천만의 말이다! 하나님은 다윗의 죄를 지적하셨는가? 물론이다. 다윗은 불순종한 후 징벌을 받았다. 하지만 그가 죄를 지었다 해서 하나님이 자기 자녀를 버리셨는가? 아니다! 다윗이 받아들일 수 없는 짓을 했을 때조차 그분은 받아주셨다. 다윗의 구원의 근거는 자신의 선행이 아닌 하나님의 은혜에 있었다. 하나님은 신실하게 약속을 지키셨다. 하나님은 다윗을 책망하고 징계해야 하셨지만 절대 버리지는 않으셨다.

우리가 죄를 고백하지 않을 때 하나님이 징벌하신다는 사실은 그분이 우리를 대적하시는 게 아니라 우리와 함께 계시다는 증거다. 부모인 우리도 종종 자녀에게 매를 든다. 사랑하기 때문이다. 불순종한다고 해서 자녀가 더 이상 자녀가 아닌 것은 아니다! 가족들과의 사귐은 깨질지 모르지만 자녀의 신분은 그대로다. 우리 인간도 자녀가 말 안 듣는다고 해서 버리지는 않는다. 하늘 아버지도 우리가 죄를 범한다고 해서 우리를 버리지 않으신다. 그분은 사랑으로 우리에게 경고하고 죄를 지적하시며 책망하신다. 그리고 필요하다면 징벌하신다. 이 모두는 그분이 우리를 버리지 않으셨다는 증거다.

당신은 혹 하나님께 불순종하여 버림받은 기분일 수 있다. 시편 37편 25절의 약속을 주장하라. "내가 어려서부터 늙기까지 의인이 버림을 당하거나 그 자손이 걸식함을 보지 못하였도다." 하나님이 한순간이라도 당신을 버리신다면 당신은 죽는다. 우리는 '그를 힘입어 살며 기동하며 있기' 때문이다. 그분의 약속을 의지하라. 하나님은 여태까지 당신을 버리지 않으셨고 앞으로도 버리지 않으신다.

시편 37편 25절의 약속은 또 우리에게 하나님의 공급에 대한 확신을 준다. 우리는 절대 걸식하지 않는다. 하나님이 언제나 우리의 모든 필요를 공급하신다고 다윗은 말한다. 따라서 우리는 그분 외에 다른 사람에게 손 벌릴 필요가 없다.

하나님은 당신 삶의 일상적 필요에 관심이 있으실까? 물론이다! 예수님은 하나님이 떨어지는 참새도 지켜보신다고 말씀하셨다. 정녕 하나님은 우리를 보시며 우리의 필요를 아신다. 지상에서 사역하시던 3년 동안 예수님은 사람들의 신체적, 정서적, 물질적 필요를 놀랍게 채워주셨다. 그분은 어린아이들을 아끼셨고, 문둥병자들과 장애인들에게 시간을 내주셨으며, 굶주린 자들을 먹이셨다. 그러나 그분 최고의 행적은 세상 죄를 지고 십자가에서 죽으신 일이다. 인간의 가장 절실한 필요는 구원이기 때문이다. 예수 그리스도는 눈먼 자들의 애원에 귀를 막지 않으셨다. 그분은 슬퍼하는 자들의 부르짖음을 들으셨고 사람들의 필요를 채워주셨다.

하나님은 지금도 기도에 응답하고 계신다. 자신의 긴 생애를 돌아보며 다윗은 하나님이 자기를 절대 버리지 않으셨고 모든 필요를 채우셨으며 앞으로도 항상 채우실 것이라는 결론에 도달했다. 당신이 그리스도를 구주로 믿고 있고 그분을 위해 살고 있다면, 지금 당신의 상황이 어떠하든 안심해도 좋다. 그분이 당신의 모든 필요를 채워주신다. "너희는 먼저 그의 나라와 그의 의를 구하라 그리하면 이 모든 것을 너희에게 더하시리라"(마 6:33).

다윗의 말이 맞다. 그의 삶에 기복과 실패가 있었음에도 하나님은 기이한 은혜로 그를 돌보셨다. 당신 삶을 그리스도께 맡기라. 어느 날 당신도 다윗과 함께 고백하게 될 것이다. "내가 어려서부터 늙기까지 의인이 버림을 당하거나 그 자손이 걸식함을 보지 못하였도다."

5

밤낮없이 돌보시는 분

한 친구가 내게 이런 시를 보내왔다. 단순하지만 격려가 되는 시다.

어제 나를 도우신 하나님
오늘도 똑같이 하시리라.
영원히 그리하실 하나님
그분의 이름을 찬양하라!

그렇다, 어제 우리를 도우셨고 오늘 우리를 돕고 계신 그 하나님이 모든 내일과 영원까지 계속 우리를 도우실 것이다. 다윗은 시편 54편 4절에 "하나님은 나를 돕는 자시라"고 썼다.

　우리 인간이 겪는 한 가지 문제는 기억이 고장 나는 것이다. 우리는 잊어야 할 것은 기억하고 기억해야 할 것은 잊을 때가 너무 많다. 하나님은 "저희 죄와 저희 불법을 내가 다시 기억지 아니하리라" 하신다. 그러나 많은 그리스도인들은 하나님이 이미 잊으신 죄의 기억에 얽매여 살아간다. 바울은 '뒤에 있는 것은 잊어버리'라고 말했지만 내가 만나는 사람들 중에는 아직도 과거의 실패와 실수에 묶여 있는 이들이 허다하다. 하나님이 이미 사하시고 묻으셨으며 잊으신 과거의 죄에 관한 기억력은 나빠지게 해달라고 기도하라.

　그러나 지난날 하나님이 당신 삶에 베푸신 도움에 관한 한 기억력이 좋게 해달라고 기도하라. 어찌된 일인지 우리는 과거의 축복과 자비에 대해서는 잊어버린다. 그래서 현재에 낙심하고 미래에 겁을 먹는 것이다. 지금 이 시각까지 당신을 돌보신 하나님은 절대 당신을 버리지 않으신다!

　하나님의 사랑과 돌보심을 기억하는 것이 신명기의 핵심 주제다. 모세는 약속의 땅 입성을 앞둔 이스라엘 민족을 준비시키고 있다. 어떤 방법이었는가? 지난 40년간 하나님이 그들을 돌보셨고 그 돌보심은 요단강 저편에서도 끝나지 않을 것임을 그들에게 일깨운 것이다. 모세는 "네 하나님 여호와께서 이 사십 년 동안에 너로… 걷게 하신 것을 기억하라"(신 8:2)고 말했다. 당신이 배고플 때 하나님은 먹을 것을 주셨다. 목마를 때는 물을 주셨고 적의 공격을 받을 때는 승리하게 해주셨다. 당신이 죄를 범했을 때는 당신을 용서해주셨다. 하나님이 감당 못하실 만큼 어려운 상황은 없다.

　어느 유명한 철학자는 "과거를 모르는 자들은 과거를 되풀이할 수밖에 없다"고 말했다. 그것이 모세가 이스라엘의 아버지들에게 하나님 말씀으로 자녀들을 가르치고 민족을 위해 행하신 하나님의 위대한 일들을 일깨워주라고 말한 이유다.

어제 하나님은 우리를 도우셨다. 그렇지 않았다면 우리는 이 자리에 있을 수 없다. 선지자 사무엘처럼 우리도 하나님의 신실하심을 증거하는 기념비를 세울 수 있다. 사무엘은 그 기념비에 '에벤에셀(Ebenezer)'이라는 이름을 붙였다. '여호와께서 여기까지 우리를 도우셨다'는 뜻이다. 또 아브라함처럼 우리도 미래를 내다보며 하나님이 계속 우리를 도우실 것을 알 수 있다. 아브라함은 모리아 산에 '여호와이레(Jehovah-Jireh)'라는 이름을 붙이고 그것을 기념했다. '여호와께서 준비하시리라'는 뜻이다. 당신과 나도 과거로 속 태우고 미래를 걱정하지 않아도 된다. 하나님은 우리를 돕는 분이시며 실패가 없으시기 때문이다.

자기 백성들을 향한 하나님의 돌보심은 오락가락하지 않고 밤낮없이 항상 계속된다. 하나님은 우리가 아플 때만 찾아오는 의사가 아니다. 그분은 언제나 우리를 지켜주시며 우리와 함께 행하신다. 바벨론에서 세 히브리 청년들에게 그리하신 것처럼 하나님은 우리가 불 가운데로 지날 때도 함께 계신다. 갈릴리 호수에서 풍랑을 만난 제자들에게 그리하신 것처럼 우리가 물 가운데로 지날 때도 그분은 함께 계신다. 심지어 우리가 사망의 음침한 골짜기를 지날 때도 우리와 함께 계신다! "내가 과연 너희를 버리지 아니하고 과연 너희를 떠나지 아니하리라"(히 13:5). 이는 그분의 약속이며 그 약속은 너무나 확실하다.

원수는 하나님이 우리를 돌보지 않고 버리셨다고 우리를 착각에 빠뜨리려 한다. 상황이 어려워지면 원수는 "하나님이 너를 정말로 사랑한다면 이런 일은 없었을 거다"라고 속삭인다. 우리가 고통이나 슬픔에 처할 때마다 사탄은 얼마나 자주 하나님의 사랑과 신실하심에 의혹을 조장하려 했던가. 어찌된 일인지 우리는 삶이 순탄하면 하나님이 나와 함께 계시고 삶이 고달프면 하나님이 나를 버리셨다는 사고방식을 갖고 있다. 실은 정반대일 때가 더 많다. 삶이 순탄하면 우리는 하나님을 잊고 내 지혜와 힘을 의지할 때가 너무 많다. 하나님이 곤경에 처한 자녀들과 아주 가까이 계심을 오히려 상황이 어려울 때에야 절감하게 된다.

"하나님이 빛 가운데 하신 말씀을 어둠 속에서 절대 의심하지 말라." 누구의 말인지 명언이다. 성경은 하나님이 자기 백성들을 돌보신다고 밝히 말한다. 하나님은 순탄한 길을 약속하지는 않으시만 우리를 도우며 끝까지 지키겠다고 분명히 약속하신다. 그분은 우리 앞길의 걸림돌을 제하지는 않으시지만 사자들을 명하여 우리가 돌에 걸려 넘어지지 않게 하신다. 우리는 하나님의 자녀다. 우리를 사랑하시는 하늘 아버지는 절대 우리를 원수에게 내주지 않으신다. 우리의 믿음은 흔들릴지라도 하나님은 일향 신실하시며 그분 말씀은 절대 변치 않는다.

하나님은 왜 우리를 도우실까? 우리가 자격이 있어서인가? 천만의 말이다! 우리가 받아 마땅한 것을 주셨다면 우리는 지금 영원한 심판의 흑암 속에 있을 것이다. 하나님이 우리를 도우시는 것은 우리를 사랑하시기 때문이다. 육신의 부모가 자기 자녀를 돌보듯이 하늘 아버지도 우리를 돌보신다. 우리가 구원받은 것은 그분의 은혜 때문이다. 하나님은 우리에게 풍성한 은혜와 사랑을 부어주셨다. 우리는 그분 것이며 그분은 절대 우리를 저버리지 않으신다.

많은 사람들은 믿음으로 그리스도인의 삶을 시작했지만 그것을 지속할 때는 자신의 노력으로 가능하다는 생각을 품고 있다. 그러나 이는 사실이 아니다. 우리는 믿음으로 구원받고 믿음으로 살아간다. 가장 어려운 일 – 우리 영혼을 심판에서 구원하시는 일 – 도 하실 수 있는 그리스도라면 그보다 쉬운 일들 – 우리를 지키시고 매일의 필요를 공급하시는 일 등 – 은 당연히 하실 수 있다.

나는 사역차 다른 도시들에 갈 일이 종종 있다. 일단 비행기에 탑승하여 좌석에 앉아 안전벨트를 매고나면 나는 긴장을 풀고 여정 전체를 하나님과 조종사에게 맡긴다. 나는 비행기를 조종하려 하지 않는다. 내가 아무리 걱정하고 안달해도 비행기의 나사 하나 볼트 하나 달라지지 않는다. 삶도 그와 같다. 당신은 그리스도를 구주로 믿었다. 이제 당신은 그분 것이다. 그냥 그분 안에 편안히 있으라. 비행기를 조종하려 하지 말라. 그냥 그리스도께 맡기라. 그분의 사랑과 돌보심이 당신을 덮을 것이다.

어차피 하나님은 우리를 저버리실 수 없다. 그분이 저버리시면 우주 만물이 산산조각 난다. 하나님은 자신과 자신의 말씀에 충실하셔야 한다. 하나님은 거짓말하실 수 없다. 그분의 약속은 확고부동하다. 하나님이 그분의 자녀를 단 한 명, 단 한 번이라도 제대로 돌보지 못하신다면 우리보다 그분이 훨씬 큰 손해를 보신다. 그분의 성품 자체가 위태로워진다! 그분은 우리를 돌보기로 약속하셨다. 만일 그 약속을 못 지키시면 그분은 더 이상 하나님이 아니다. 그러나 그런 일은 없을 테니 안심해도 된다.

하나님이 나를 저버리신 것만 같던 시간도 지나고보면 나를 위해 놀라운 방식으로 그분이 일하고 계신 시간이었다. 야곱은 요셉이 죽은 줄로만 알았지만 그 사이 요셉은 애굽에 야곱의 집을 준비하고 있었다. 야곱은 "이는 다 나를 해롭게 함이로다!"라며 슬퍼했지만 실은 모든 것이 합력하여 선을 이루고 있었다.

> 어제 나를 도우신 하나님
> 오늘도 똑같이 하시리라.
> 영원히 그리하실 하나님
> 그분의 이름을 찬양하라!

6

범사에 감사하라

살다보면 황당한 일도 있고 비극도 닥친다. 납득할 수 없는 일이 찾아온다. 사실 여간해서 감사하기 힘든 상황들이 있다. 그러나 데살로니가전서 5장 18절은 우리에게 명한다. "범사에 감사하라 이는 그리스도 예수 안에서 너희를 향하신 하나님의 뜻이니라."

"하지만 **범사에**(in everything) 감사하는 것과 **범사를 인해**(for everything) 감사하는 것은 다르다." 이쯤해서 나올 법한 말이다. 동감이다. 그러나 주님은 우리에게 둘 다 원하신다. 데살로니가전서에는 범사에 감사하라는 명이 나오고, 에베소서 5장 20절에는 '범사를 인해 항상 감사하며…'(Giving thanks always for all things, KJV)라고 되어 있다. 우리 삶에 어떤 상황이 닥치든 하나님은 우리가 감사하기 원하신다. 피할 수 없는 사실이다.

읽기는 쉬워도 순종하기는 어려운 말씀이다. 집회에 참석해야 되는데 악천후로 비행기가 취소되면 감사하기 쉽지 않다. 교회의 귀한 일꾼이 다른 도시로 이사하여 당장 후임자가 없으면 감사하기 어렵다. 사랑하는 이가 병들거나 죽으면 감사가 만만치 않다. 하나님은 불가능한 일을 명하시는 것인가? 우리를 조롱하며 고통을 더 가중시키시는 것인가? 고생스런 상황만으로도 충분히 힘이 드는데 거기다 감사하지 않는 것에 대한 죄책감까지 떠안아야 하는가?

우선 분명한 사실부터 짚어두자. 하나님은 우리가 이루지 못할 일을 명하시는 일이 결코 없다. 그렇지 않다면 그분은 우리를 조롱하시는 것이고 그분 말씀은 힘을 잃는다. 예수님이 지상 사역을 하실 때 사람들은 그분이 명령하시면 능력을 입어 불가능한 일도 해냈다. 그분이 손 마른 자에게 손을 내밀라고 명하시자 그는 손을 내밀었고 나음을 얻었다. 그분이 중풍병자에게 일어나 걸으라고 명하시자 그는 그대로 했다. 하나님의 명령 자체가 그분의 능력이라는 말은 명언이다. 그러므로 하나님이 범사(in all things)에, 범사를 인해(for all things) 감사하라고 명하신다면 그분은 내게 반드시 순종의 능력도 주신다. 그리고 이로 인해 나는 더 나은 사람이 된다.

하나님은 어떻게 우리에게 능력을 주실까? 어떻게 병원 중환자실에서 깨어나서도 여전히 감사할 수 있을까? 어떻게 장지(葬地)에 서서도 위선 없이 감사할 수 있을까? 답은 기독교의 위대한 세 가지 덕목인 믿음, 소망, 사랑에 있다. 믿음, 소망, 사랑이 우리 삶에 생명력을 발휘하면 우리는 어떤 역경이 닥쳐도 하늘 아버지께 감사하며 그분 이름에 영광을 돌릴 수 있다.

누군가를 사랑하면 우리는 그 사람을 두려워하지 않는다. 사도 요한은 '온전한 사랑이 두려움을 내어쫓나니'(요일 4:18)라고 말했다. 사실이다. 엄마를 사랑하면서 동시에 엄마를 죽도록 두려워하는 아이를 나는 상상할 수 없다. 물론 모종의 정서 불안이 있는 경우가 아니라면 말이다. 그래서 믿음과 사랑은 함께 다닌다. 누군가를 사랑하면 우리는 그 사람을 신뢰한다. 그 사람을 두려워하지 않는다.

그리스도인과 주님 사이에도 이 관계가 적용된다. 우리는 하늘 아버지를 사랑하기에 그분이 우리 삶에 무슨 일을 허용하시든 두렵지 않다. 그분은 우리를 사랑하시기에 우리를 해롭게 하실 리 없다. 그분은 자녀에게 고난과 슬픔을 허락하시기는 하지만 삶의 시련으로 자녀가 해를 입게 두지는 않으신다. 하나님은 욥에게 온갖 시련을 겪게 하셨지만 결국 시련은 욥의 유익과 하나님의 영광을 위한 것이었다. 욥은 고난당했지만 고난은 영광으로 이어졌다. 욥은 울었지만 곧 눈물이 기쁨으로 바뀌었다. 안심하라. 하늘 아버지는 당신을 사랑하시며 그래서 당신은 얼마든지 그분을 신뢰할 수 있다.

이제 이 진리를 일상생활의 역경에 적용해보자. 역경이 닥쳐온다. 비극처럼 보일 수도 있다. 우리의 첫 반응은 "어째서 이런 일이 생겼을까?"다. 다음 반응은 "왜 하필 내게 이런 일이?"일 것이다. 주님과 동행하고 주님께 순종하며 주님을 섬기고 있는 나의 삶에 어째서 이런 시련이 온단 말인가? 이 시점에서 조심하지 않으면 마귀가 끼어들어 사태를 악화시키기 시작한다. 그는 형제들을 참소하는 자요 하나님의 사랑과 돌보심을 의심하게 하는 선수다. 마귀는 말할 것이다. "하나님이 널 그토록 사랑한다면 왜 이런 일이 생기지? 난 또 하나님이 자기 자녀들을 돌보기로 약속한 줄 알았지. 그분은 아무래도 너는 돌보지 않는 모양이군."

그럴수록 하나님이 당신을 사랑하신다는 진리를 꼭 붙들어야 한다. 아무도 빼앗아가지 못하게 말이다. 상황이 당신을 공격할 수 있다. 사탄이 당신을 비난할 수 있다. 그리스도인 친구들마저 당신을 버릴 수 있다. 그러나 하나님은 당신 대신 예수님을 십자가에 죽도록 내주실 때와 똑같이 지금도 당신을 사랑하신다. 당신의 상황도 변했고 감정도 변했지만 하나님의 사랑은 변치 않는다.

하나님의 사랑을 가슴 깊이 체험하면 믿음이 더 강해진다. 그러고나면 당신은 감사할 수 있다. 되는 일이 하나도 없을 때 드리는 감사야말로 진정한 믿음의 행위다. 우리 그리스도인들은 '믿음으로 행하고 보는 것으로 하지 아니[하는]' 자들이다. 우리는 자신에게 이렇게 말한다. "내 아버지는 나를 사랑하시며 이 역경을 훤히 아신다. 그분이 나를 사랑하시기에 나는 그분을 믿을 수 있다. 그분 마음속에는 놀라운 뜻이 있다. 지금 내 눈에 보이지 않을 뿐이다. 그가 나를 죽이실지라도 나는 그를 의뢰하리라." 당신과 내가 이렇게 믿음과 사랑을 표현하면 아버지는 우리 마음을 축복으로 채우실 것이다. 그리고 우리는 능히 감사할 수 있을 것이다. 이는 하나님 은혜의 기적이다. 효험이 확실하다.

사랑은 믿음을 더한다. 그리고 사랑과 믿음이 있으면 소망이 싹튼다. 부모 자식 관계를 예로 들어보자. 부모는 아이를 의사에게 데려가 정기검진을 받게 한다. 의사가 보니 아이에게 수술이 필요하다. 물론 아이는 싫다. 엄마 아빠가 정말 나를 사랑하면 이 모든 일을 막을 수 있다고 아이는 굳게 믿는다. 그러나 부모는 무엇이 아이에게 최선인지 안다. 그리고 아이도 설사 일이 자기 마음에 안 들어도 부모를 믿을 수 있음을 안다. 아빠가 아이에게 말한다. "수술 후에 넌 병원에 며칠 있어야 할 거야. 엄마 아빠가 보러오마. 함께 재미있게 놀자. 그리고 퇴원하면 함께 놀 신나는 일들도 계획해놓았단다." 부모를 사랑하고 믿기에 아이는 간절히 고대할 일이 생겼다. 그것이 소망이다.

당신과 내가 인생의 역경을 지날 때 하늘 아버지는 우리에게 말씀하신다. "너는 이 모든 일을 이해하지 못하겠지만 나는 알고 있다. 이것은 네 유익을 위한 것이다. 나를 믿어라. 내 사랑을 확신해라. 너를 위해 놀라운 일들을 계획해두었다. 그것은 이생에서만 아니라 영광스런 다음 생에서도 누릴 일이다. 그러니 낙심하지 말거라." 믿음과 사랑이 만나 소망을 낳는다. 믿음, 소망, 사랑이 있으면 감사하기가 어렵지 않다!

"범사에 감사하라." 우리 힘으로는 이 계명에 순종할 수 없다. 성령의 능력과 하나님 말씀의 격려가 필요하다. 눈물 젖은 눈으로 상황을 바라보며 무엇이 하나님의 계획인지 막막해질 때도 우리는 그분의 사랑이 절대 우리를 저버릴 리 없음을 안다. 나는 그분을 사랑하고 그분은 나를 사랑하시기에 우리는 그분을 믿을 수 있다. 그리고 소망이 더 굳건해질수록 우리는 범사에, 범사를 인해 주님을 찬양하며 감사할 수 있다.

우울증 극복하기

시편 42편과 43편에서 시편기자는 3번이나 똑같이 묻는다. "내 영혼아, 네가 어찌하여 낙망하며 어찌하여 내 속에서 불안하여 하는고"(42:5, 11, 43:5). 그의 세계는 무너졌다. 그는 하나님이 어디 계신지도 모르겠고, 자신이 우울증의 캄캄한 구덩이에서 빠져나올 수 있을지 막막하기만 하다.

우울증은 현대 세계에서 심각한 문제다. 고용주들은 우울증으로 인해 어마어마한 돈을 손해보고 있다. 직원들이 일터에 없거나 혹 일터에 있더라도 생산성을 발휘하지 못하기 때문이다. 우울증 때문에 행복을 잃고 있는 가정들도 많다. 생명을 잃는 경우도 비일비재하다. 많은 사람들이 우울증을 못 이겨 자살한다. 삶의 이유와 희망이 다 사라진 탓이다! 우울증은 심각한 일이다. 우리는 우울증을 극복하는 법을 알아야 한다.

분명히 신체적 원인으로 우울증에 빠질 때도 있다. 선지자 엘리야가 갈멜산 싸움 후에 얼마나 낙심했는지 떠올려보라. 그에게 필요한 것은 숙면과 좋은 음식 그리고 크신 하나님에 대한 새로운 비전이었다. 주님은 자상하게 엘리야를 챙기신다. 휴식으로 힘을 얻게 하신 후에야 그에게 다시 일을 맡기신다. 우리 중에도 과로 때문에 낙심과 절망의 나날을 지내본 사람들이 많이 있다. 주님을 섬기다가도 마찬가지다! 예수님이 제자들에게 따로 와서 잠깐 쉬라고 하신 것도 이해가 된다. 조심하지 않으면, 잘못된 신체 습관이 우리를 우울증에 빠뜨릴 수 있다.

우울증은 사탄의 공격의 결과일 때도 있다. 그는 참소하는 자, 멸하는 자다. 그는 우리를 공격할 시기와 사용할 무기를 안다. 그는 우리의 실패와 과거의 죄를 들추어내기를 좋아한다. 그는 내 시선을 내게 고정시켜 그리스도를 바라볼 겨를이 없게 한다. 결과는 거의 언제나 죄책감, 패배의식, 절망감이다.

심리적 원인으로 우울증이 오는 경우도 있다. 나는 심리학자가 아니므로 의학 용어로 설명할 수 없지만 본래 성격이 침울하고 비관적인 듯 보이는 사람들이 있다. 그들은 그런 성격을 바꾸려 하기보다 거기에 끌려다닌다. 그래서 점차 패배와 우울함의 틀이 굳어진다. 그들에게 필요한 것은 성격상의 약점을 도와줄 수 있는 유능한 그리스도인 상담자다.

나는 의사나 심리학자를 흉내낼 뜻은 없고 그저 목사로서 우울증에 관한 몇 가지 사실을 나누고자 한다. 존 번연(John Bunyan)이 말한 '실망의 수렁'을 지날 때 당신에게 도움이 될 것이다. 나는 영적 관점에서 접근하고 싶다. 유일한 영구적 해답은 주님께 있기 때문이다.

우울증은 대개 일정한 방식을 따른다. 우선 그것은 **자기보호**(self-protection)로 시작된다. 당신은 깊이 상처받는다. 누군가 당신을 실망시켰을 수도 있고 당신의 계획이 물거품이 되었을 수도 있다. 자신에게 실망했을 수도 있다. 어떤 식으로든 당신은 상처를 받는다. 이 상처는 당신 삶의 평안과 즐거움을 앗아가려 위협한다. 최선의 방책은 상처에 정직히 직면하여 해결하는 것이다. 기도하고 주님께 맡기며 하나님 말씀의 약을 바르는 것이다. 그러나 상처가 너무 깊어 해결할 힘조차 없어보일 때가 있다. 바로 그 자리로 자기보호가 끼어든다. 상처받았기에 이제 당신은 삶의 현실에서 피해, 자기 속으로 기어든다. 혼자 있으면 안전한 기분이 들지만 다른 사람들과 함께 있으면 안전한 기분이 사라진다.

어떤 면에서 마음의 우울증은 손의 옹이와 같다. 일종의 응급 보호인 셈이다. 옹이 덕분에 상처 부위의 감각이 둔해진다. 우울증에 걸린 사람들이 대부분 주변 생활 - 가족, 친구, 일, 평소의 즐거움 - 에 전혀 무관심한 것도 그 때문이다. 그들은 스스로 고립된다. 더 이상 상처받지 않도록 자신을 보호하려는 것이다.

여기서 둘째 단계가 나온다. 즉 자기보호는 자기연민(self-pity)으로 이어진다. 우리는 자신을 딱하게 여기며, 그래서 삶에서 도망쳐 자기 속으로 파고든다. 내 문제와 고통에 푹 파묻혀, 다른 사람들에게도 문제와 고통이 있음을 망각한다.

그리고 셋째 단계인 자기처벌(self-punishment)로 이어진다. 당신은 뒤로 물러나 자신을 보호하고, 외롭게 홀로 남은 자신에게 연민을 느낀다. 이제 당신은 자신의 행동에 대해 자신을 벌하기 시작한다. 스스로 판사와 배심원이 되어 자신을 정죄한다. 잘못했다고 생각되는 일을 속죄하려 평생 고통을 자초하는 것이다. 여기서 사탄이 등장한다. 그는 형제들을 참소하는 자가 아니던가. 그는 당신의 죄와 실수와 실패와 창피했던 순간들을 들추어내기를 좋아한다. 그런 일을 떠올릴수록 당신 마음속의 상처는 그만큼 더 아려오고, 그래서 당신은 현실을 등진 채 더 깊이 안으로 숨어든다.

일부 사람들이 마지막 단계인 자살(self-destruction)을 꾀하는 것도 이해가 된다. 사탄은 멸하는 자다. 그는 당신 삶의 가장 취약한 부위에 교두보를 확보하는 법을 안다. 그러나 우울증에는 답이 있다. 당신은 자기를 보호하고 자기연민을 품고 스스로 벌할 필요가 없다. 예수 그리스도가 당신에게 오셔서 필요를 채우실 수 있다. 우울증을 이겨내도록 도우실 수 있다.

우울증의 공격이 느껴지거든 즉시 자신을 예수 그리스도께 드리라. 그리고 내면의 모든 상처를 그분께 아뢰라. 시편 42편과 43편에서 시편기자가 한 일이 그것이다. 그는 암담한 현실 앞에서 얼마나 자신이 상처받고 실망했는지 주님께 아뢰었다. 자신의 감정과 불만을 솔직히 털어놓았다. 그는 상처를 속에 품어두지 않고 명의(名醫)에게 마음을 드렸다.

둘째 단계는 시선을 나에게서 주님께로 돌리는 것이다. 자기연민은 당신과 내가 품을 수 있는 가장 위험한 태도 중 하나다. 그것은 우리 사고방식에 독이 된다. 아무것도 정상으로 보이지 않고, 사람들의 말과 행동이 죄다 삐딱해 보인다. 자기연민과 맞서 싸울 힘을 달라고 주님께 기도하라! 시편 42편과 43편에 시편기자는 "내 영혼이 하나님 곧 생존하시는 하나님을 갈망하나니… 너는 하나님을 바라라 그 얼굴의 도우심을 인하여 내가 오히려 찬송하리로다… 낮에는 여호와께서 그 인자함을 베푸시고 밤에는 그 찬송이 내게 있어… 주의 빛과 주의 진리를 보내어 나를 인도하[게]… 하소서"라고 썼다. 낙망에도 불구하고 시편기자는 하나님을 바라본다. 자기를 위해 하나님이 해주실 수 있는 일을 본다. 당신과 내게 이는 말씀의 약속을 바라본다는 뜻이다. "주의 빛과 주의 진리를 보내소서."

셋째 단계는 예수 그리스도가 내 모든 죄와 실패를 위해 죽으셨기에 내가 나를 벌할 필요가 없음을 기억하는 것이다. 주님께 당신의 죄와 실패를 고백하면 그분은 사하시고 잊으신다. 당신은 **느껴지지** 않을지 모르지만 그분은 그러신다. 그분 말씀에 그렇게 약속되어 있다. 하나님은 더 이상 당신을 **율법**에 근거해 대하지 않으시고 **은혜**를 근거해 대하신다. "그러므로 이제 그리스도 예수 안에 있는 자에게는 결코 정죄함이 없나니"(롬 8:1). "내가 저희 불의를 긍휼히 여기고 저희 죄를 다시 기억하지 아니하리라"(히 8:12). 예수 그리스도가 당신의 벌을 다 당하셨는데 당신이 자신을 벌할 이유가 무엇인가? 하늘 아버지는 당신을 사랑하신다. 당신을 용서하신다. 당신을 끝까지 지켜주신다.

도피인가 성취인가?

예수님이 겟세마네 동산에서 잡히셨을 때 베드로는 검으로 그분을 지키려 했다. 예수님은 베드로를 꾸짖으며 말씀하셨다. "너는 내가 내 아버지께 구하여 지금 열두 영 더 되는 천사를 보내시게 할 수 없는 줄로 아느냐 내가 만일 그렇게 하면 이런 일이 있으리라 한 성경이 어떻게 이루어지리요"(마 26:53-54). 여기서 예수님은 삶의 위기에 임하는 두 가지 방식을 말씀하신다. 도피 아니면 성취. 당신은 그 가운데 어느 길을 따르고 있는가?

예수님은 그저 말씀만 하시면 됐다. 물어보나 마나 천국의 온 군대는 기꺼이 겟세마네로 달려와 죄인들의 손에서 하나님의 아들을 구했을 것이다. 만일 베드로에게 권한이 있었다면 그는 가장 높은 천사장을 불러 예루살렘을 멸했을 것이다! 그러나 예수님은 그 길을 택하지 않으셨다. 도피하실 수도 있었지만 그것은 하나님 뜻이 아니었다. 예수님은 위기에 도피의 철학으로 임하지 않으시고 성취의 자세로 임하셨다.

삶에서 위기의 시간들을 막을 수는 없다. 나이가 들수록 삶은 더 힘들어진다. 우선 우리는 내 결정이 많은 사람들에게 영향을 미칠 것을 안다. 그리고 시간이 많지 않음도 안다. 실수를 남발할 여유가 없는 것이다. 위기의 시간들은 반드시 닥쳐온다. 하지만 그것을 어떻게 맞이할 것인가? 기초가 흔들리고 사방의 벽이 무너질 때 우리는 어떤 자세를 취할 것인가?

동산의 베드로와 똑같이 도피의 자세를 취하는 사람들이 많다. 베드로는 검을 뽑아 예수님을 방어하려 했다. 숭고한 몸짓이었지만 베드로의 생각은 틀렸다. 우선 예수님은 검으로 방어할 필요가 없었다. 그분이 원하시기만 했다면 천사의 영(營)이라도 부르실 수 있었다. 베드로는 중대한 과오를 범했다. 그는 예수님이 이 땅에 오신 바로 그 목표의 성취를 가로막고 있었던 것이다. 베드로의 행동은 지식 없는 열심이었다. 그는 복종해야 할 때 방어하고 있었다.

베드로를 너무 나무라기 전에 우리 자신의 삶을 돌아보자. 하나님 뜻에 굴복해야 할 때 우리는 도피하려 한 적이 얼마나 많던가. 쓸데없는 싸움을 싸우다 입은 흉터가 당신도 있고 나도 있지 않은가. 분명 있을 것이다. 위기에서 도피하려는 것은 자연스런 반응이지만 그렇다고 옳은 반응은 아니다. 우리 그리스도인들은 훨씬 높은 차원에 살고 있기 때문이다. 우리는 보이는 것이 아닌 믿음으로 사는 자들이다.

모든 인생에는 겟세마네의 경험들이 있다. 악의 세력이 우리를 덮쳐 낚아채는 것 같은 순간들이 있다. 모든 계획이 무너진다. 감당 못할 정도로 짐이 무겁다. 이러다 어찌되려는 건가. 삶에 그런 위기의 순간이 닥치거든, 예수님이 하신 일을 기억하라. 그분은 하늘 아버지께서 그분의 계획을 이루도록 굴복하고 허용하셨다. 예수님은 도피를 택하지 않으시고 성취를 택하셨다.

당신은 이렇게 말할 수도 있다. "당신 말이 다 맞다. 하지만 예수님은 우리와 다르다. 그분은 분명한 뜻을 이루러 오셨다. 그분이 아버지 뜻에 복종하시는 건 당연하지 않은가? 이것이 우리한테도 적용되는가?" 물론이다. 성취의 원리는 당신과 내게도 적용된다. 하나님은 우리 삶에 대한 분명한 계획을 갖고 계신다. 바울은 그것을 에베소서 2장 10절에 이렇게 표현했다. "우리는 그의 만드신 바라 그리스도 예수 안에서 선한 일을 위하여 지으심을 받은 자니 이 일은 하나님이 전에 예비하사 우리로 그 가운데서 행하게 하려 하심이니라." 자신을 그리스도께 바쳤다면 당신 삶은 우연의 연속이 아니라 필연의 연속이다.

하나님께 당신을 위한 계획이 있다는 사실은 말할 수 없이 중요하다. 하나님께 계획이 없다면 삶은 의미가 없다. 고난은 헛되고 희생은 무의미하다. 우리 삶에 설계가 없다면 성취할 것도 없고 따라서 논리적 귀결은 도피다. 그러나 하늘에 설계가 있다. 당신을 위한 하나님의 뜻은 당신에게 사랑을 보이시는 것이다. 로마서 8장 28절의 놀라운 약속이 그래서 나왔다. "우리가 알거니와 하나님을 사랑하는 자 곧 그 뜻대로 부르심을 입은 자들에게는 모든 것이 합력하여 선을 이루느니라."

도피가 아닌 성취 – 이것이 예수님이 겟세마네 동산에게 우리에게 가르치시는 교훈이다. 그분은 천국 군대를 불러 구해달라고 하실 수 있었지만 대신 하나님 뜻이 성취되도록 굴복하셨다. 그 굴복이 수치와 고난과 죽음을 뜻함을 그분은 아셨다. 죄인들의 손에 항복하심으로 사실상 그분은 고난을 부르신 셈이다! 그러나 그것이 하나님 뜻이었고 그것만이 중요했다. 그래서 결과는 무엇이었는가? 부활과 영광이었다. 십자가는 끝이 아니었다. 빈 무덤이 끝이었다. 예수님은 하나님 뜻을 이루시고 영광에 들어가셨다!

우리는 절대 과정을 결과로 착각해서는 안 된다. 도망가지 않고 남아 하나님 뜻 안에서 위기를 직면하면 고난이 따른다. 그러나 이는 과정일 뿐이다. 하나님은 과정에서 멈추지 않으시고 최종 결과를 내신다. 고난은 영광으로 이어진다. 수치는 명예로 이어진다. 연약함은 능력으로 이어진다. 이것이 하나님이 일하시는 방식이다. 인간들은 최악을 내놓지만 하나님은 최선을 주신다. 예수님은 하나님 뜻을 이루시고자 악인들 손에 굴복하셨다. 그리하여 그 뜻은 성취되었다. 그분은 우리 구원의 값을 치르셨다. 그래서 이제 어떤 죄인이라도 그리스도를 믿는 믿음으로 하나님께 나아가 죄에서 구원을 얻을 수 있다.

지금 당신이 어떤 위기를 당하고 있는지 나는 모르지만 이것만은 안다. 당신은 도피의 유혹을 느낄 것이다. 우리도 다 경험이 있다. 우리는 천사들을 보내 구해달라고 하나님께 기도해보았다. 도피가 당신이 살아가는 방식이라면 당신은 하나님이 예비하신 모든 복을 놓칠 수밖에 없다. 도피를 일삼는 사람들은 우선 제대로 성숙할 수 없다. 도망 다니면서 믿음과 인내가 자랄 수는 없는 법이다. 그리고 이런 사람들은 절대 그리스도를 참으로 영화롭게 할 수 없다. 도피용 비상구 밑에 등불을 숨겨두고서는 주님께 영광을 돌릴 수 없다.

도피는 당장은 쉬운 길처럼 보이지만 결국은 어려운 길이 된다. 내 친구 하나는 수술을 받는 것을 두려워해서 병원에 가는 것을 계속 미루었다. 마침내 수술을 받았을 때는 이미 너무 늦었다. 삶의 위기 경험은 때로 수술과 같다. 아프지만 해로운 것이 아니다. 과정은 괴로울 수 있지만 결과는 기쁨이다.

당신과 나는 예수 그리스도께 삶을 바쳤다. 그분은 우리 구주요 주님이시다. 그분은 절대 우리를 떠나지도, 버리지도 않겠다고 약속하셨다. 그분은 모든 위기를 면하게 해주겠다고 약속하지 않으신다. 그러나 끝까지 지켜주겠다고 분명히 약속하신다. 그분은 우리가 도피 대신 성취를 택하기 원하신다. 그분이 친히 본을 보이셨다. 그분 안에서 우리는 하나님 뜻이 최선의 길이요 유일한 길임을 안다. 도망가지 말고 당신을 사랑하시는 하늘 아버지 품으로 달려가라. 그분은 오늘 당신의 삶 가운데 그분의 놀라운 뜻을 이루실 것이다.

실망을 헤쳐 나가는 삶

　우리는 다 삶의 실망을 소화할 줄 알아야 한다. 꿈이 무산되고 계획이 틀어지는 것이 무엇인지 우리는 다 겪어서 알고 있다. 평생 정서 장애인으로 살 만큼 실망에 완전히 뭉개지는 사람들도 간혹 있다. 그러나 깨어진 꿈을 딛고 일어나 승리의 삶을 사는 사람들도 있다. 오늘 묵상에서는 평생의 실망을 딛고 승리한 한 사람을 소개하려 한다.

　실망과 비극의 주인공을 꼽자면 뭐니 뭐니 해도 예레미야다. 그는 역사상 암울한 시기에 하나님을 섬기도록 부름받았다. 그리고 선포하기 어려운 메시지를 받았다. 하나님의 명을 받들어, 심판이 임박했으니 회개해야 한다고 조국에 경고해야 했던 것이다. 예레미야는 40년이 넘도록 신실하게 하나님을 섬겼다. 그는 메시지나 자신의 충절을 절대 타협하지 않았다. 가족들도 그에게 등을 돌렸고 마침내 온 나라가 그에게 등을 돌렸다. 그는 사랑하는 조국이 적국에 유린당하고 사랑하는 도성과 성전이 완전히 훼파되는 것을 두 눈으로 목격해야 했다.

상한 마음의 소유자가 있다면 단연 예레미야다. 그의 예언서에 그의 막중한 짐이 토로된다. 역시 그의 저작인 예레미야애가는 구구절절 눈물로 얼룩져 있다. 평생 신실하게 하나님을 섬기고도 결국 모든 것의 몰락을 보아야 하다니, 한번 생각해보라! 예레미야는 원한과 상처를 품고 생을 마감할 수도 있었지만 그러지 않았다. 주님의 능력으로 그는 실망을 직시하고 수용할 수 있었다.

예레미야의 예언서에 그의 용기와 믿음을 보여주는 구절들이 얼마든지 있지만 여기서는 그 중 하나로 족할 것 같다. 예레미야 10장 19절이다. "슬프다 내 상처여 내가 중상을 당하였도다 그러나 내가 말하노라 이는 참으로 나의 고난이라 내가 참아야 하리로다." 내가 보기에 이 고백이야말로 성경 전체를 통틀어 믿음과 충성의 가장 위대한 선언 가운데 하나다. 선지자 예레미야에게서 삶의 실망을 직시하고 극복하는 법을 배워보자.

그가 우리에게 가르쳐주는 첫째 진리는 실망을 예상하라는 것이다. 삶이란 늘 맑고 화창한 것이 아니다. 사납고 어두운 날들도 있고, 그런 기간이 길어질 수도 있다. 신실한 그리스도인에게는 실망이 닥치지 않는다고 생각하는 사람들이 있지만 그렇지 않다. 하나님은 우리에게 마음 상할 일이 없다고 보장하지 않으신다. 하나님은 이 땅에서 우리 눈물을 없애주겠다고 약속하지 않으신다. 성경과 그리스도인의 전기를 읽어보면 알겠지만 하나님의 신실한 성도들도 모두 실망을 겪었다.

경건한 아브라함도 조카 롯의 처신에 실망했을 것 같지 않은가? 요셉은 형들의 이기적인 처사에 마음이 무겁지 않았을까? 이스라엘 백성의 죄는 모세의 마음을 수없이 찢어놓았다. 오죽했으면 그가 죽음을 구했겠는가! 다윗 왕은 자손들을 위해 놀라운 계획을 품고 있었지만 그의 아들 몇은 나라를 거의 절단 낼 정도로 극악한 죄를 범했다. 바울 서신을 읽어보면 그도 실망을 경험했던 사람임을 알 수 있다. 동역자들이 그와 주님을 버렸다. 주님은 우리에게 순탄한 삶을 약속하지 않으신다. 그러니 실망을 예상하라.

예레미야는 만사형통이라고 자신을 속이지 않았다. 그는 이렇게 썼다. "슬프다 내 상처여 내가 중상을 당하였도다." 자신의 상한 마음을 인정한 것이다. 그는 자기에게 기쁨을 주었어야 할 사람들에게 오히려 상처를 받았다고 드러내어 고백했다. 실망을 예상하라. 이는 인생의 냉혹한 현실이다.

선지자 예레미야는 우리에게 둘째 진리를 가르친다. 우리의 실망은 하나님의 손 안에 있다. 예레미야는 자신이 하나님께 버림받은 것처럼 보이던 시간들도 분명 많았을 것이다. 하나님은 왜 내 기도에 응답하지 않으시는가? 내가 전하는 말씀은 왜 열매를 맺어 나라를 변화시키지 못하나? 마음이 저리도 강퍅한 백성들 곁에서 계속 사역할 만큼 이 일이 과연 가치가 있는가?

하나님은 상황을 아셨다. 예레미야의 삶은 그분의 통치와 주관 하에 있었다. 하나님은 자기 종에게 고난을 허용하셨다. 왕이 그를 죽이려 했을 때 하나님은 그를 보호하셨고 굶지 않도록 먹을 것을 주셨다. 하나님은 예레미야가 어떻게 죽을지도 아셨다. 그리고 그것을 막지 않으셨다. 예레미야에게 그분이 보이든 보이지 않든, 그분의 임재가 느껴지든 그렇지 않든, 하나님은 늘 곁에 계셨다.

실망을 경험할 때 원수가 우리에게 속삭이는 첫 번째 거짓말은 하나님이 실패했다는 것이다. 혹 의사가 당신에게 뜻밖의 진단을 내렸을 수 있다. 당신은 기도하고 성경을 읽고 하나님의 약속을 주장했지만 그래도 실망이 찾아왔다. 하나님이 실패하셨다는 뜻인가? 아니, 그렇지 않다. 우리가 하나님을 저버렸다는 뜻인가? 꼭 그런 것도 아니다. 예레미야는 죽기까지 신실하게 하나님을 섬겼지만 조국을 향한 자신의 꿈이 이루어지는 것을 살아생전 보지 못했다.

A. T. 피어슨 박사(Dr. A. T. Pierson)는 "실망은 그분의 섭리다"라고 말하곤 했다. 정말 이 말대로 믿고 의지하려면 믿음이 필요하다. 하나님이 아직도 보좌에 계심은 엄연한 사실이다. 우리가 막지만 않는다면 그분은 자신의 기이한 뜻을 우리 삶에 이루신다. 우리가 상황에 저항하며 원망을 품으면 하나님은 우리 안에, 우리를 통해 이루려던 그분의 모든 구상을 이루실 수 없다. 그러나 최선의 일을 행하실 그분을 우리가 믿고 복종하면 모든 것이 합력하여 선을 이룬다.

삶의 고통스런 실망 앞에서 나온 예레미야의 믿음의 선언을 들어보라. "슬프다 내 상처여 내가 중상을 당하였도다 그러나 내가 말하노라 이는 참으로 나의 고난이라 내가 참아야 하리로다." 그는 하나님이나 다른 사람들을 탓하지 않았다. '책임을 전가하려' 하지도 않았다. 상황에 저항하며 하나님 마음을 바꾸려 들지 않았다. 그는 자신의 중한 슬픔을 믿음으로 받아들였다. 그리고 친히 완전한 뜻을 이루실 하나님을 의지했다. "하나님 뜻에 대적하면 내가 부러지고 하나님 뜻을 받아들이면 내가 완성된다." 이는 우주의 기본 원칙이다. 당신은 어느 쪽인가?

지금까지 우리는 삶의 실망에 대해 두 가지 요긴한 진리를 배웠다. 첫째, 실망을 예상하라. 둘째, 하나님이 완전한 계획을 이루고 계심을 믿으라. 셋째 진리는 이것이다. 하나님 뜻에 복종하면 그분이 내 상한 마음을 고치고 자기 뜻을 이루신다. 비록 하나님 뜻에 의문을 제기한 적은 있었지만 예레미야는 하나님과 싸우지 않았다. 자기 뜻을 관철시키려 하지도 않았다. 대신 예레미야는 하나님 뜻에 복종했고 그분의 완전한 계획이 이루어지도록 내맡겼다.

그 결과는 어땠는가? 백성들은 바벨론에 포로로 잡혀갔고 예레미야는 열성분자들에게 납치되어 애굽으로 끌려갔다. 전승에 따르면 그는 진리를 전한 죄로 거기서 돌에 맞아 죽었다. 해피엔딩이 아니다. 그러나 하나님 뜻 안에서는 모든 결말이 해피엔딩이다. 하나님은 한 인간의 삶을 신문 보도로 판단하지 않으신다. 그분은 영원한 것을 기준으로 의롭게 판단하신다.

이 비극의 역사에서 하나님이 이루신 일은 무엇인가? 우선 하나님은 주 예수 그리스도를 빼닮은 한 인간을 빚으셨다. 지상에 계실 때 예수님은 사람들이 자기에 대해 뭐라고 말하느냐고 제자들에게 물으신 적이 있다. 이런 대답이 빠지지 않았다. "선지자 예레미야라 하나이다." 주 예수 그리스도께 비견되다니 얼마나 엄청난 찬사인가! 예레미야의 생애를 읽다보면 구주와 닮은 모습이 많이 보인다. 그를 그런 모습으로 빚은 것은 고난이었다. 다름 아닌 삶의 실망이 곧 예레미야를 갈고 닦아 예수 그리스도를 닮게 했던 것이다.

그것이 바로 실망의 정체가 아니던가. 하나님은 모든 것을 합력하여 선을 이루신다. 로마서 8장 29절에 따르면 그 선의 일부는 우리가 그 아들의 형상을 본받는 것이다. 주 예수 그리스도를 더 닮는 것이다. 구약에서 예수 그리스도의 모습을 가장 잘 보여주는 네 인물은 요셉, 모세, 다윗, 예레미야로 이들은 모두 고난의 사람들이다. 따라서 당신과 내게 고난이 온다면 그것은 하나님이 우리를 그 아들의 형상으로 다듬기 원하시기 때문이다.

삶의 실망 속에서 하나님은 성품을 빚으시고 증거할 말을 주신다. 예레미야는 실망의 한복판에서 주님을 증거했고 백성들에게 그분의 메시지를 전했다. 말씀 전파와 삶으로 예레미야는 사람들에게 하나님을 가리켜 보였다. 실망은 성숙의 기회일 뿐 아니라 또한 사역의 기회다. 오늘 우리의 공부와 삶에 도움이 되는 예레미야의 저작이 우리 앞에 남아 있는 것은 그가 하나님께 신실했기 때문이다. 당신도 실망을 받아들이고 하나님을 의지하고 그분께 복종하면,

다른 사람들의 삶의 전투에 도움이 되는 뭔가를 뒤에 남길 수 있다.

"이는 참으로 나의 고난이라, 내가 참아야 하리로다." 예레미야는 그렇게 썼다. 그는 불평하지 않고 실망을 받아들였다. 그리하여 하나님은 실망을 사용하여 그의 선을 이루고 자신의 영광을 이루셨다.

그분의 날개 아래

영국에서 한 해 동안 열심히 일한 후 D. L. 무디(D. L. Moody)는 가정과 사역에 복귀할 마음에 부풀어 1892년 귀국 길에 올랐다. 많은 작별 인사 속에서 배는 사우샘프턴(Southhampton)을 떠났다. 바다에 나간 지 사흘쯤 지나 배는 축이 부러지면서 멈춰 섰다. 머잖아 배 안에 물이 차기 시작했다. 말할 것도 없이 선원들과 승객들은 절망했다. 배가 가라앉을지 말지 아무도 알 수 없었고 인근에 구조선이 있을지에 대해서도 누구도 확신하지 못했다. 불안한 이틀이 지난 후 무디는 집회를 열게 해달라고 요청했다. 놀랍게도 승객들 거의 전원이 참석했다. 그는 넘어지지 않게 기둥을 붙잡고서 성경 시편 91편을 펴서 읽었다. "지존자의 은밀한 곳에 거하는 자는 전능하신 자의 그늘 아래 거하리로다"(1절).

무디는 후에 이렇게 썼다. "내 삶의 가장 어두운 시간이었다… 기도중에 평안이 찾아왔다. 하나님은 내 부르짖음을 들으시고 영혼 깊은 곳에서 이런 고백이 나오게 하셨다. '주의 뜻이 이루어지이다.' 자리에 누운 나는 거의 순식간에 잠이 들었다…." 하나님은 기도에 응답하시고 배를 구조하셨다. 다른 배를 보내 항구로 예인하게 하신 것이다. D. L. 무디에게 시편 91편은 살아 있는 새로운 말씀이 되었다. 세상에서 가장 안전한 곳은 전능자의 그늘 아래 곧 '그 날개 아래' 임을 그는 깨달았다. 당신과 나도 깨달아야 한다.

"지존자의 은밀한 곳에 거하는 자는 전능하신 자의 그늘 아래 거하리로다… 저가 너를 그 깃으로 덮으시리니 네가 그 날개 아래 피하리로다." 시편 91편 1-4절에서 주님은 그렇게 약속하신다. '그 날개 아래' 란 무슨 뜻인가? 물론 우리는 이것이 상징적 언어임을 안다. 하나님은 날개가 없다. 이 말을 어미닭이 병아리들을 품고 지키는 모습과 연관시켜 생각하는 사람들도 있다. 기억하겠지만 예수님도 비슷하게 빗대어 말씀하신 적이 있다. "암탉이 제 새끼를 날개 아래모음 같이 내가 너희의 자녀를 모으려 한 일이 몇 번이냐 그러나 너희가 원치 아니하였도다"(눅 13:34).

개인적으로 나는 시편 91편에서 말하는 날개가 다른 의미라고 믿는다. 지존자의 은밀한 곳은 어디인가? 구약시대의 모든 유대인들에게 있어 은밀한 곳은 하나뿐이었다. 그곳은 바로 곧 성막의 지성소였다. 알다시피 성막은 세 구역으로 구분되었다. 제사를 드리는 바깥 뜰, 제사장들이 향을 사르는 성소, 그리고 언약궤를 두는 지성소였다. 그리고 언약궤 위 속죄소에 두 천사가 날개로 궤를 덮고 있었다. 내가 믿기로 시편기자는 지금 그것을 지칭하고 있다. '은밀한 곳' 은 지성소이고 '전능자의 그늘' 은 속죄소 위 두 천사의 날개 아래다.

구약 시대에는 대제사장만을 제외하고는 누구도 지성소에 들어갈 수 없었고 대제사장도 1년에 한 번만 들어갈 수 있었다. 억지로 들어가려 하다가는 누구든 죽었다. 그러나 이 시대에는 예수 그리스도를 믿고 구원받은 하나님의 자녀들은 누구나 지성소에 들어갈 수 있다. 예수 그리스도가 길을 열어주셨기 때문이다. 예수님이 십자가에서 죽으실 때 성전 휘장이 둘로 찢어지면서 하나님의 임재로 들어가는 길이 열렸다. 당신과 나는 지성소에 거하는, 즉 그분의 날개 그늘 아래 사는 특권을 받았다. 우리는 하나님 임재 안에 어쩌다 한 번씩 찾아가는 정도가 아니다. 예수 그리스도 덕분에 아예 거기서 살게 되었다!

세상에서 가장 안전한 곳이 그늘 아래라고 말한다면 당신은 믿겠는가? 사실이다. 그 그늘이 전능자의 그늘이라면 말이다! 세상에서 가장 막강한 군대의 보호보다도 나는 전능하신 하나님의 그늘 밑이 더 좋다.

시편 91편을 읽어보면 지성소 즉 하나님의 날개 아래 사는 자들을 위한 놀라운 약속들이 나온다. 우선 하나님은 보호를 약속하신다. 이는 우리 그리스도인들이 사고나 질병을 겪지 않는다는 뜻이 아니다. 당신과 내가 알다시피 우리도 그런 일을 당한다. 하나님의 약속은 우리로 시련을 **면하게** 하신다는 것이 아니라 시련 속에서 우리를 지키신다는 것이다. 삶의 위험이 우리에게 **아픔은** 줄 수 있을지 몰라도 절대 해를 끼칠 수는 없다. 역경은 우리에게 나쁜 것이 아니라 오히려 유익한 것이라는 그분의 약속을 우리는 주장할 수 있다.

이 약속을 들어보라. "저가 너를 위하여 그 사자들을 명하사 네 모든 길에 너를 지키게 하심이라 저희가 그 손으로 너를 붙들어 발이 돌에 부딪히지 않게 하리로다"(시 91:11-12). 현대 과학은 천사의 개념을 비웃지만 하나님의 자녀들은 그렇지 않다. 예수님은 하나님의 천사들이 그분의 자녀들을 지킨다고 가르치셨다. 천사는 우리 앞서 달려가 돌을 치우지 않는다. 때로 앞길에 그런 돌이 있어야 우리가 주님을 더 의지하는 법을 배우기 때문이다. 천사가 하는 일은 그런 돌을 걸림돌이 아니라 디딤돌로 삼도록 우리를 돕는 것이다. 하나님의 천사들이 우리를 지켜주고 우리 목숨을 구해준 일이 참으로 많았음을 나중에 천국에 가면 알게 될 거라고 나는 굳게 믿는다. 그래서 경솔하게 살거나 하나님을 시험하라는 말이 아니다. 이는 염려를 버리라는 격려다.

하나님 뜻 안에서 신자들은 사명을 다할 때까지 죽지 않는다. 하나님 뜻 밖에는 위험이 있지만 하나님 뜻 안에는 그분의 보호가 있다. 그 보호가 있기에 우리는 삶이 아무리 고달파도 심령에 평안을 누린다. '그분의 날개 아래,' 곧 그리스도 안이야말로 삶의 풍랑 속에서 가장 안전한 곳이다.

그러나 우리는 삶을 피해 숨으려고 지성소로 달려 들어가는 게 아니다. 폭풍중에 피난처 되신 하나님께 피한다는 내용의 성경 말씀과 찬송가를 잘못 해석하는 사람들이 너무 많아 안타깝다. 우리는 들어가 힘과 도움을 받은 후 다시 삶으로 돌아가 그분 뜻을 행해야 한다. 하나님의 보호는 그저 우리만 누리는 사치품이 아니라 다른 사람들과 나눠야 할 필수품이다. 하나님의 보호는 하나님 일을 위한 준비다. 우리가 들어감은 도로 나가기 위해서다. 우리가 예배함은 일하기 위해서다. 우리의 쉼은 섬김을 위한 것이다.

당신은 주님의 그늘 속, 그 날개 아래 살고 있는가? 그리스도를 자신의 구주로 신뢰하는가? 날마다 예배하고 기도하는 시간이 있는가? 그러리라 믿는다. 가장 안전하고 가장 만족스런 삶은 그분의 날개 아래 있는 삶이다.

그분의 날개 아래 사는 사람은 가장 안전한 삶은 물론 가장 만족스런 삶을 향유한다. 시편 91편은 이런 약속으로 끝난다. "내가 장수함으로 저를 만족케 하며 나의 구원으로 보이리라." 그리스도인은 누구나 100살까지 산다는 말이 아니다. 사실은 반대다. 가장 훌륭한 그리스도인들이 서른도 못되어 죽은 경우가 있다. 장수는 양이 아니라 질의 문제다. 그것은 충만하고 만족스런 삶을 뜻한다. 그리스도를 외면하면 80년을 살아도 목숨을 연명하는 데 그칠 수 있다. 반면 그리스도께 복종하면 40년의 삶에도 평생의 서너 배에 해당하는 섬김과 기쁨을 쏟을 수 있다. 그분의 날개 아래, 복종과 사귐의 자리에 사는 이들에게만 주어지는 심령의 만족이 있다.

만족의 자리는 지존자의 은밀한 곳이다. 예수 그리스도께 복종하고 자신의 삶을 그분께 매면, 생사를 걸 만한 값진 만족을 얻는다. 세상의 얄팍한 겉치레가 아니라 오직 예수 그리스도에게서만 올 수 있는 깊고 변치 않는 평안과 기쁨이다.

세상이 주는 싸구려 만족과 죄에 등을 돌리라. 지존자의 은밀한 곳에 들어가라. 그리스도께 복종하라. 그분을 구주로 의지하라. 그분의 은혜로운 초청에 응하라. 그렇게 하면 당신은 새로운 종류의 삶에 들어서게 된다. 하나님의 그늘 아래 거하는 삶, 안전과 만족이 있는 은밀한 곳에 사는 삶이다.

반석에서 나오는 꿀

　시편 81편 16절에는 하나님이 자녀들에게 주시는 약속 하나가 기록되어 있다. 그분이 '반석에서 나오는 꿀'로 우리를 만족케 하신다는 약속이다. 물론 당신과 내가 알다시피 꿀은 자연에서 나는 가장 달콤한 것이며 반석은 자연의 가장 딱딱한 물체 가운데 하나다. '반석에서 나오는 꿀' –딱딱한 것에서 달콤한 것이 나온다. 하나님의 약속이다. 당신도 이 약속을 주장해야 한다.

　시편 81편 16절의 하나님 말씀은 문자적 의미가 아니다. 꿀이란 벌집이나 꿀통에서 얻는 것이다. 주님은 훨씬 깊은 것을 말씀하신다. "살다보면 험한 길도 나올 것이고 바위에 부딪칠 때도 있을 것이다. 하지만 낙심하지 말라. 내가 네게 바위에서 나오는 꿀을 주겠다. 험한 인생 경험에서 너는 단맛을 볼 것이다."

나는 하나님이 왜 인생길의 바위를 제하여주지 않으시는지 궁금했었다. 험한 길을 좋아할 사람은 세상에 아무도 없다. 하나님이 정말 나를 사랑하신다면 앞서가서 돌을 없애주셔야 할 것 아닌가. 그러나 이제 나도 좀 자랐다. 하나님이 다 알아서 하신다는 것을 깨달았다. 당신과 나는 달갑지 않겠지만 그래도 바위는 필요하다. 인생의 가장 달콤한 경험은 바위 때문에 존재했음을 당신도 나처럼 배웠을 것이다.

물론 성경 시대 사람들도 그랬다. 젊은 요셉을 생각한다. 13년간 그에게는 돌부리밖에 차이는 게 없어보였다. 처음에 그는 형들의 미움을 받았다. 그러다 애굽에 노예로 팔렸다. 그런 후에는 고분고분 죄를 짓지 않는다는 이유로 옥에 갇혀 거의 잊혀진 신세가 되었다. 험한 바위의 연속이었다. 의미도 없어 보였다! 그러나 다 끝나고 하나님 뜻이 이루어지자 요셉은 반석에서 꿀을 얻었다. 그런 힘겨운 삶이 그가 하나님의 종이 되고 애굽의 제2인자가 되는 준비 과정이었다.

다윗도 비슷한 경험을 했다. 그는 이스라엘의 기름부음받은 왕이었지만 한낱 전과자처럼 쫓겨다녔다. 사울 왕은 그를 미워하여 죽이려 했다. 다윗은 집을 피하여 굴속에 살아야 했다. 다윗이야말로 힘난한 세월을 보냈다. 마음에 의심이 생기고 적들의 회유가 들린 게 한두 번이 아닐 것이다. "주님을 섬기는 건 부질없는 짓이다. 포기해라. 하나님은 너한테 나라를 약속했지만 여태 네가 받은 거라곤 바위와 굴밖에 없다." 다윗은 포기하지 않았다. 어느 날 하나님은 그에게 반석에서 나온 꿀을 주셨다. 사실 오늘 우리 심령에 새 힘을 주는 시편의 많은 시들은 그의 고달픈 인생 경험에서 나온 것이다.

삶의 즐거움을 어디서 얻는지 보면 그 사람의 성숙도를 가늠할 수 있다. 어떤 사람들은 잘못된 짓을 저지르는 데서 즐거움을 얻는다. 물론 가장 저차원의 삶이다. 어떤 사람들은 책임과 역경을 피하고 편안히 안주하는 데서 즐거움을 얻는다. 그런 식으로 살아서는 인간이 절대 성숙하고 강인해질 수 없다. 성숙한 그리스도인은 일부러 역경을 찾지도 않지만 그렇다고 역경을 피해 달아나지도 않는다. 오히려 그는 하나님 뜻 안에서 역경을 받아들이며 주님께 '반석에서 나오는 꿀'을 구한다.

잘 보면 시편의 많은 시들은 눈물, 의뢰, 승리의 세 부분으로 되어 있다. 시는 눈물과 환난으로 시작된다. 시편기자는 하나님께 부르짖는다. 그러다 그는 자신과 역경에서 눈을 떼고 믿음으로 하나님을 바라본다. 그러자 놀라운 일이 벌어진다. 시련은 승리로 대치되고 한숨은 노래로 바뀐다. 반석에서 꿀을 얻은 것이다.

야고보가 편지 첫머리에서 우리에게 가르치려는 바가 바로 그것이다. "내 형제들아 너희가 여러 가지 시험을 만나거든 온전히 기쁘게 여기라 이는 너희 믿음의 시련이 인내를 만들어내는 줄 너희가 앎이라"(약 1:2-3). 시련은 우리에게 해로운 것이 아니라 오히려 우리를 위한 것이다! 야고보는 말한다. "바위를 빙 돌아가지도 말고 앞에 서서 하나님이 없애주시기만 바라지도 말라. 대신 반석에서 반드시 나올 꿀을 찾아라!" 바울도 똑같이 말한다. "우리가 알거니와 하나님을 사랑하는 자 곧 그 뜻대로 부르심을 받은 자들에게는 모든 것이 합력하여 선을 이루느니라"(롬 8:28). 삶의 여로에 아무리 바위가 많을지라도 모든 것을 주님께 맡긴다면 언제나 '반석에서 나오는 꿀'을 얻을 수 있다.

지금 당신은 험한 길을 지나는 중일 수 있다. 신실하게 본분을 다해왔는데 그만 바위에 부딪쳤다. 바위는 꿈쩍도 하지 않는다. 그렇다면 하나님께 반석에서 나오는 꿀을 달라고 기도하라. 주님 뜻에 맡기면 언제나 험한 것에서 단 것이 나오게 되어 있다.

인간은 누구나 인생의 험한 길에 대처할 방도가 있어야 한다. 험한 길이 존재하지 않는 듯 무시하는 사람들이 있다. 물론 그래봐야 길은 더 험해질 뿐이다. 어떤 사람들은 포기한 채 친구들에게 기댄다. 친구가 있는 것은 멋진 일이고 우리는 마땅히 서로의 짐을 져주어야 하지만 나 자신도 안할 일을 친구가 해주리라 기대할 수는 없다.

예수님이 지상에 사실 때 당하신 역경들을 생각해본 적이 있는가? 그분은 가난한 집에 태어나 내 것이라 내세울 만한 재산도 없었다. 그분은 멸시받고 천대받는 민족에 태어났다. 당시 유대인은 강대국의 발굽에 짓밟힌 소수 집단이었다. 예수님이 선을 행하려 할 때마다 누군가 그것을 악으로 둔갑시키려 했다. 그분이 발길을 멈추어 죄인을 사하시면 사람들은 '세리와 죄인의 친구' 라 불렀고, 친구와 함께 음식을 드시면 '먹기를 탐하고 포도주를 즐기는 자' 라고 비난했다. 그분은 진리를 말씀하셨지만 거짓말쟁이 소리를 들었다. 하나님의 능력을 드러내신 그분을 종교 지도자들은 마귀와 한패라고 몰아세웠다. 어디에 가서 무엇을 하시든 그분은 험한 꼴을 당하셨다.

그러나 예수님은 한 번도 험한 길이라고 달아나지 않으셨다. 자신이 아버지 뜻을 행하고 있음을 아셨기에 그분은 바위와 그 속에 든 꿀을 받아들이셨다. 어느 날 그분은 음식을 내놓는 제자들에게 말씀하셨다. "나의 양식은 나를 보내신 이의 뜻을 행하며 그의 일을 온전히 이루는 이것이니라"(요 4:34). 그분은 반석에서 꿀을 얻으셨고 그 꿀로 만족하셨다.

그렇다, 예수님의 삶에는 바위가 많았다. 마침내 사람들은 그분을 성 밖으로 데리고 나가 바위 위의 십자가에 못 박았다. 해골처럼 생긴 갈보리라는 언덕이었다. 곧 친구들이 그분의 시신을 거두어 요셉의 새 무덤인 바위 안에 두었고 거기서 그분은 사흘을 누워 계셨다. 그러나 그분은 죽은 자 가운데서 살아나셨다! 갈보리 언덕과 무덤에서 구원의 단 꿀이 흘러나온다. 반석에서 나오는 꿀이다!

당신은 그리스도를 구주로 믿었는가? 하나님은 말씀하신다. "너희는 여호와의 선하심을 맛보아 알지어다!" 일단 그리스도를 구주와 주님으로 알고 있다면 당신은 인생의 험한 길을 당당하고 용감하게 맞이할 수 있다. 하나님이 당신에게 '반석에서 나오는 꿀'을 주시기 때문이다.

중단 없는 전진

어디로 가든 환난과 고통과 박해가 기다리고 있음을 그는 알았다. 어떤 친구들은 그에게 몸을 사리고 도피할 것을 권했다. 그러나 위대한 사도 바울은 역경이나 도전을 피해 달아날 사람이 아니었다. 그래서 그는 사도행전 20장 24절에서 친구들에게 이렇게 말한다. "나의 달려갈 길과 주 예수께 받은 사명 곧 하나님의 은혜의 복음 증거하는 일을 마치려 함에는 나의 생명을 조금도 귀한 것으로 여기지 아니하노라."

이 간증에 돋보이는 세 문구가 있다. 내 생명, 내 길, 내 사명. 하나씩 살펴보면서 바울의 용기와 헌신의 비결을 알아보자.

첫째 문구는 내 생명이다. 바울은 "나의 생명을 조금도 귀한 것으로 여기지 아니하노라"고 말했다. 이 진리를 그는 주 예수 그리스도께 배웠다. 예수님이 제자들에게 주신 말씀을 기억할 것이다. "누구든지 제 목숨을 구원코자 하면 잃을 것이요 누구든지 나를 위하여 제 목숨을 잃으면 구원하리라"(눅 9:24). 그분은 또 "아무든지 나를 따라오려거든 자기를 부인하고 제 십자가를 지고 나를 좇을 것이니라"(눅 9:23).고 말씀하셨다.

당신의 생명은 하나님의 선물이다. "우리가 그를 힘입어 살며 기동하며 있느니라." 당신이 태어나기도 전부터 하나님은 당신을 아셨고 당신의 삶에 뜻을 두셨다. 당신의 소질과 능력과 취미와 장점은 물론 단점까지도 다 하나님의 계획의 일부다. 당신에게 육신의 생명을 주신 하나님은 예수 그리스도를 믿는 믿음으로 말미암아 영의 생명도 주셨다. 하나님은 당신을 지으셨고 당신을 구원하셨다. 당신의 육적인 생명과 영적인 생명은 하나님의 선물이다.

바울은 이 선물을 혼자만 가지고 있지 않고 예수 그리스도의 영광을 위해 쓰도록 하나님께 돌려드렸다. 그는 "나의 생명을 조금도 귀한 것으로 여기지 아니하노라"고 말했다. 움켜쥐면 잃고 베풀면 영원히 내 것이 된다. 이는 영적인 삶의 원리다. 내 생명을 아끼고 내 이익을 챙기고 내 욕망을 채우면 절대 삶다운 삶을 살 수 없다. 그러나 나를 주님께 바치고 내 삶의 통제권을 그분께 드리면 풍성한 삶을 누리게 된다.

이기적인 사람들은 항상 불행하다. 그들은 더 얻기에 혈안이 되어 이미 있는 것을 누릴 줄 모른다. 생명을 하나님께 맡기는 사람들을 위해 그분은 감격스런 복을 예비하셨다. 그러나 "무엇을 베풀까?"를 묻지 않고 "무엇을 얻을까?"를 물으며 사는 사람은 그 복을 다 잃는다. 바울은 자기 생명을 가장 귀한 것으로 여기지 않았다. 바울의 삶에 가장 중요한 것은 하나님의 뜻이었다. 그는 갈라디아 그리스도인들에게 "이제는 내가 산 것이 아니요 오직 내 안에 그리스도께서 사신 것이라"(갈 2:20)고 썼다. 그의 생명은 자신을 위해 **간수해야** 할 보화가 아니라 예수 그리스도께 바쳐 **투자해야** 할 보화였다. 당신도 나도 삶은 딱 한 번이다. 삶이 끝나면 더 이상 그리스도께 귀한 것으로 그 삶을 드릴 기회가 없다.

사도행전 20장 24절에 바울이 사용한 둘째 문구는 내 길이다. "나의 달려갈 길[을]… 마치려 함에는 나의 생명을 조금도 귀한 것으로 여기지 아니하노라." 여기 길이라는 말은 육상 선수들의 경주를 두고 한 말이다. 바울은 서신에 운동의 예화를 종종 사용했는데 이것도 그 가운데 하나다. 틀림없이 그는 그리스 여러 도시에서 벌어지는 운동 경기에서 그리스도인의 삶에 관한 진리를 건졌을 것이다.

시민이 아니면 아무도 시합에 출전할 수 없었다. 그리스도인의 경주도 천국 시민인 하나님 자녀가 아닌 사람은 달릴 수 없다. 당신 마음을 예수 그리스도께 드리면 그분은 당신을 구원하시고 멸망으로 인도하는 넓은 길에서 건져내신다. 그분은 당신을 천국으로 인도하는 좁은 길에 두시고 당신이 달려갈 길을 정해주신다. 빌립보서 3장과 히브리서 12장에서 하나님은 그리스도인의 삶을 경주에 비유하신다. 그분은 각 그리스도인 주자에게 고유의 레인을 배정하신다. 중요한 것은 자기 레인을 벗어나지 않고 규칙을 지키면서 상을 위하여 끝까지 달리는 것이다. 그렇게 하면 그 길이 끝난 후에 하나님은 우리에게 상을 주신다. 그러나 본분대로 달리지 못하면 상을 잃는다.

본분대로 달리지 못하게 우리를 막는 것은 무엇인가? 때로 우리는 훈련을 멈춘다. 운동선수가 계속 훈련해야 하는 것처럼 그리스도인도 주님께 순종하며 영적 훈련에 주의를 기울여야 한다. 히브리서 12장 1절은 무거운 것과 얽매이기 쉬운 죄를 버리라고 경고한다. 우리 그리스도인들에게는 그 자체가 죄는 아니지만 쾌주를 방해하기 때문에 버려야 할 것들이 있다. 운동선수는 적절한 식생활, 맑은 공기, 충분한 휴식이 필요하다. 우리 그리스도인 선수들도 마찬

가지다. 우리는 하나님 말씀을 잘 섭취하고, 기도로 천국의 맑은 공기를 호흡하고, 주님 안에 쉬면서 새 힘을 주실 그분을 신뢰해야 한다.

바울의 커다란 야망은 남들의 길이 아닌 자기 길을 마치는 것이었다. 경주하는 우리 그리스도인들은 다른 신자들과 경쟁하는 것이 아니다. 우리 모두 경주에 승리하여 상을 얻을 수 있다. 그러나 우리의 경쟁 상대는 자신이다. 나는 지난 주보다 오늘 좀 더 전진했는가? 아니면 더 뒤떨어지고 영적으로 패배했는가? 다른 그리스도인을 기준으로 자신을 측정해서는 안 된다. 당신 삶을 향한 하나님의 계획, 당신에게 주시려는 그분의 상이 측정 기준이 되어야 한다.

경주하는 선수가 범할 수 있는 최악의 과오 하나는 자꾸만 뒤를 돌아보는 것이다. 바울은 빌립보서 3장에서 '뒤에 있는 것은 잊어버리'라고 말했다. 우리의 시선을 늘 목표점에 두자. 하나님이 배정하신 레인으로 뛰고 있는지 늘 확인하자. 다른 선수들은 주님께 맡기라. 예수님은 우리에게도 베드로에게 하신 것과 똑같이 말씀하신다. "네게 무슨 상관이냐 너는 나를 따르라"(요 21:22).

바울은 기쁨으로 완주하기 원했고 그렇게 했다. 디모데후서 4장 7절에 그 고백이 나온다. "내가 선한 싸움을 싸우고 나의 달려갈 길을 마치고 믿음을 지켰으니." 그는 주 예수 그리스도를 뵙고 의의 면류관에 참예할 날을 사모했다. 머잖아 경주가 끝나면 귀한 소명의 상이 그의 것이 되리라. 당신과 나의 경주도 어느 날 끝날 것이다. 우리도 "내 길을 즐거이 마쳤다"고 고백할 수 있을까?

바울이 사도행전 20장 24절에 사용한 세 문구 중 마지막은 **내 사명** 곧 '주 예수께 받은 사명'이다. 그의 생명은 하나님의 선물이었다. 그의 길은 하나님이 정해주신 것이었다. 그 길을 달리는 동안 그는 무엇보다도 주께 받은 사명을 완수하기 원했다.

우리도 다 완수해야 할 사명이 있다. 바울은 젊은 디모데에게 "네 직무를 다하라"고 말했다. 문자적으로 이는 "네 사명을 완수하라. 하나님이 네게 명하신 일들을 네 직무를 통해 완수하라"는 뜻이다. 우리는 모두 아무도 대신해줄 수 없는 특수한 사명을 주님께 받았다. 이는 주님이 내게 주신 내 사명이다. 나는 그분의 영광을 위해 이 사명을 이룰 책임이 있다. 우리는 절대 남의 사명을 부러워해서는 안 된다. 하나님이 내게 주신 일도 그분 보시기에는 똑같이 중요하다.

바울의 사명의 골자는 하나님의 은혜의 복음을 전하는 것이었다. 은혜란 신기한 단어다! 그 말에는 하나님이 자격 없는 자들에게 주시는 값없는 선물이라는 의미가 들어 있다. 은혜는 하나님의 호의다. 은혜란 노력이나 공로로 얻을 수 없고 믿음으로 받아야만 한다. 은혜란 당신 힘으로 못하는 일을 하나님이 해주신다는 뜻이다. 은혜란 당신이 백만 년을 애써도 얻지 못할 공로나 자격을 하나님이 거저 주신다는 뜻이다. 바울은 하나님의 은혜를 전하는 위대한 대사였다.

하나님께 어떤 사명을 받았든 궁극적으로 그분의 은혜를 드러내는 일임을 잊지 말라. 노력으로 천국에 갈 수 있고 선행과 종교 활동으로 하나님 마음에 들 수 있다는 것이 대다수 세상 사람들의 생각이다. 그들에게 그리스도를 받아들이고 믿기만 하면 하나님이 구원을 주신다는 복음─기쁜 소식─을 알려주는 것은 우리의 특권이자 책임이다. 행위 구원은 나쁜 소식이다. 아무도 해낼 수 없기 때문이다. 은혜 구원은 기쁜 소식이다. 누구나 예수 그리스도를 믿기만 하면 구원받을 수 있다.

내 생명, 내 길, 내 사명. 매일 아침 이 세 문구를 되새겨보면 좋을 것이다. 자신의 영적 상태를 점검하는 데 도움이 된다. 나는 내 생명을 내 것으로 아끼고 있는가 아니면 그리스도께 바치며 살고 있는가? 나는 하나님이 정해주신 길을 달리고 있는가? 나는 그분께 받은 사명을 다하고 있는가? 지금 당신 앞에 있는 문제가 무엇이든 자신을 예수 그리스도께 맡기라. 당신의 삶을 그분께 드리면 그분이 당신 안에 – 당신의 생명, 당신의 길, 당신의 사명 안에 – 그분의 완전한 뜻을 이루실 것이다.

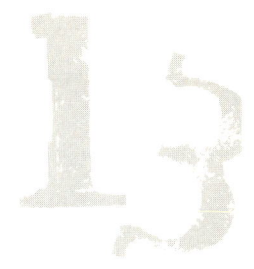

고통의 골짜기를 지날 때

200년 전쯤 토마스 제퍼슨(Thomas Jefferson)은 친구 코스웨이 여사(Mrs. Cosway)에게 보낸 편지에 이렇게 썼다. "삶의 기술이란 고통을 피하는 것이다." 토마스 제퍼슨은 위인이며 해박한 사상가지만 나는 그 말에 동의할 수 없다. 언뜻 듣기에는 맞는 말 같다. 일상생활 속에서 일부러 고통을 찾는 사람은 아무도 없다. 6개월이나 1년에 한 번씩 치과나 병원에 갈 때가 되면 우리는 정말 가고 싶지 않다. 혹시라도 충치를 때워야 한다든지 수술이나 다이어트를 해야 된다는 결과가 나올 수도 있지 않은가! 대체로 우리 모두는 할 수만 있다면 고통을 피하려 한다.

그러나 더 깊이 생각해보면 제퍼슨의 말은 역사의 사실에 부합되지 않는다. 제퍼슨 자신도 미국 독립을 위해 대가를 치렀다! 당시의 많은 애국자들은 자유를 얻기 위해 명예와 가정과 재산을 바쳤고, 목숨까지 잃은 이들도 있다. 우리의 자유는 고통과 죽음을 치르고 산 것이며 고통과 죽음으로 수호해온 것이다. 역사 자체가 보여주듯 인간의 진보는 누군가 진리와 의를 위해 고난을 당할 때에만 이루어질 수 있다.

역사를 떠나 우리 개인의 경험을 보더라도 제퍼슨의 말이 어리석음을 알 수 있다. 가장 깊은 고통은 몸의 고통이 아니라 정서적이고 영적인 고통이다. 우리는 다 삶의 여정에서 고통을 겪어왔다. 고통을 피할 수도 있었지만, 인생의 가장 중요한 것들은 대개 고통을 수반함을 배웠다. 고통을 피하며 산다면 아무도 성장을 기대할 수 없다. 그 엄청난 손해를 한번 생각해보라!

인간 출생의 문제를 보라. 물론 산모들을 보호하기 위한 첨단 과학기술이 많이 있지만 일정량의 고통은 어쩔 수 없다. 예수님도 자신의 고난을 해산의 고통에 견주신 적이 있다. "여자가 해산하게 되면 그때가 이르렀으므로 근심하나 아이를 낳으면 세상에 사람 난 기쁨을 인하여 그 고통을 다시 기억지 아니하느니라"(요 16:21).

부모가 자녀를 기르며 겪는 고통과 슬픔도 생각해보라. 옛말에 "아이들이 어려서는 부모의 발을 밟지만 커서는 부모의 마음을 밟는다"는 말이 있다. 정말 그럴 때가 많다. 사역을 하면서 나는 부모의 교훈과 모본을 따르지 않고 고집부리는 자녀 때문에 억장이 무너지는 헌신된 그리스도인 부모들을 종종 만난다. 모든 사람들이 정말 고통을 피하며 산다면 결혼해 가정을 일구는 사람은 아무도 없을 것이다. 그러나 사람들은 여전히 결혼하고 자녀를 낳는다.

고통을 죄로 여겨서는 안 된다. 불순종 때문에 오는 고통도 있지만 고통이 다 죄의 결과는 아니다. 에덴동산의 아담도 만일 돌부리에 채여 넘어졌다면 통증을 느꼈을 것이다. 질병과 노쇠의 고통은 분명 궁극적으로는 죄의 결과다.

하지만 질병의 고통도 좋은 결과를 낳을 수 있다. 몸에 이상이 있는데도 통증이 없다면 당신과 나는 손 한번 써보지 못하고 죽을 것이다. 몸의 고통은 위험신호다. 우리는 그것을 감사해야 한다.

하지만 그리스도인에게 있어 고통은 훨씬 숭고한 사역을 감당한다. 다른 사람들보다 그리스도인들에게 고난이 더 많다는 말이 심심찮게 들리지만 나로서는 맞는 말인지 모르겠다. 병원이나 양로원에 갈 때마다 나는 고난당하는 불신자들을 많이 만난다. 사실 나는 헌신된 그리스도인일수록, 죄와 이기심으로 제 몸을 더럽히고 해치는 사람들보다 신체적 고통을 훨씬 덜 받는다고 생각한다.

고통의 더 깊은 사역은 무엇인가? 우선 고통은 정화의 위력이 있다. 사도 베드로는 베드로전서 4장 1절에서 "이는 육체의 고난을 받은 자가 죄를 그쳤음이라"고 말했다. 어떤 현대어 성경에는 이렇게 번역되어 있다. "죄에 대해 죽으려면 고통이 불가피함을 알아야 한다." 나는 언젠가 굉장히 앓은 적이 있었는데, 정말로 내 마음과 생각을 정화시키는 효과가 있었다. 몸이 아프니 영적인 것들이 훨씬 분명하게 보였고 우선순위도 재조정되었다. 물론 **고통 자체**는 그런 일을 할 수 없지만 우리가 그리스도께 복종하여 그분의 도움을 구하면 고통은 우리를 깨끗케 할 수 있다.

고통의 둘째 사역은 그리스도께 동참하게 해주는 것이다. 빌립보서 3장 10절에서 바울은 '[그리스도의] 고난에 참예함'에 관하여 말한다. 고난이 닥치면 하나님을 등지는 사람들이 있는데 그래서는 안 된다. 고통의 골짜기를 지날 때 당신과 나는 믿음으로 하나님께 더 가까워질 수 있다. 예수님이 십자가에서 겪으신 일을 전부 겪은 사람은 우리 가운데 아무도 없다. 끝없는 고통 중에서도 마음속에 누리는 신자들의 신기한 기쁨과 평안을 믿지 않는 사람들은 알 턱이 없다.

고통의 셋째 사역은 하나님께 영광을 돌리는 것이다. 하나님이 영광을 받으시려고 일부러 우리에게 고통을 주신다는 뜻이 아니다. 다만 하나님이 그분 이름을 영화롭게 하도록 우리의 고통을 사용하실 수 있다는 뜻이다. 죽음을 앞둔 시각에 예수님은 "아버지의 이름을 영화롭게 하옵소서"라고 기도하셨다. 과연 하나님은 아들의 고난과 죽음을 통해 영광을 얻으셨다. 그리고 하나님은 그리스도를 영화롭게 하사 그를 놀라운 영광으로 죽은 자 가운데서 살리셨다. 병원과 가정으로 심방을 다니면서 고난 속에서도 하나님께 영광 돌리며 사는 그리스도인들을 보곤 했다.

고통은 우리를 정결케 한다. 고통은 그리스도인을 그리스도와 더 가까워지게 한다. 고통은 하나님께 영광을 돌리게 한다. 그러나 우리가 기억해야 할 것이 또 있다. 오늘의 고통은 내일의 영광과 영예를 뜻한다. 바울은 "생각건대 현재의 고난은 장차 우리에게 나타날 영광과 족히 비교할 수 없도다"(롬 8:18)라고 말했다. 하나님의 결산이 늘 이생에서 이루어지는 것은 아니다. 사실 그리스도인은 세상에서 많은 보상을 기대해서는 안 된다. 예수님은 '세상에서는 너희가 환난을 당하나'(요 16:33)라고 하셨다. 언젠가 어떤 남자가 내게 말했다. "나는 지옥이나 천국을 믿지 않습니다. 지옥이나 천국은 여기 이 땅에 있습니다." 틀린 말이다. 구원받지 못한 사람은 이 세상을 최대한 즐기는 게 좋다. 그의 천국은 고작 이 땅이기 때문이다! "한 번 죽는 것은 사람에게 정하신 것이요 그 후에는 심판이 있으리니"(히 9:27).

그러나 그리스도인은 천국의 영광을 사모한다. 에콰도르에서 순교한 선교사 짐 엘리엇(Jim Elliot)은 일기에 "영원한 것을 얻고자 영원할 수 없는 것을 버리는 자는 바보가 아니다"라고 썼다. 오늘 그리스도와 함께 고난을 받는다면 내일은 그리스도와 함께 영광을 누릴 일밖에 없다. 그리스도인에게 있어 알짜배기는 아직 오지 않았다.

당신은 자신의 고통을 그리스도께 드렸는가? 그 고통을 자신의 유익과 그분의 영광을 위해 써달라고 기도했는가? 믿음으로 그리하기 바란다. 하나님은 당신의 고통을 제하거나 덜어주신다는 약속은 하지 않으신다. 다만 고통을 바꾸어 그분의 영원한 뜻을 위해 쓰겠다고 약속하신다.

위대한 사도 바울은 고통 속에 살았다. 육체에 가시가 있었다. 그를 계속 겸손하고 쓸모 있게 하시고자 하나님이 주신 것이다. 바울도 여느 그리스도인처럼 고통을 없애달라고 기도했다. 하나님은 기도를 들어주지 않으셨지만 그의 필요는 다 채우셨다. 연약함과 고난이 오히려 능력과 영광이 되도록 바울에게 필요한 모든 은혜를 주신 것이다. 하나님은 당신과 내게도 은혜를 주실 것이다. 그러나 우리가 자신을 전폭적으로 그분께 내어드릴 때에야 그것이 가능하다.

승리한 후

앤드류 보나(Andrew Bonar)는 스코틀랜드의 거룩한 장로교 목사였다. 그는 장수한 만큼 남들을 이롭게 하는 삶을 살았다. D. L. 무디(D. L. Moody)의 절친한 친구였던 그는 무디 목사에게 성경과 그리스도인의 삶에 관해 많은 것을 가르쳐주었다. 그가 남긴 많은 말들 가운데 특히 내 마음을 사로잡는 것이 있다. "전투 전 못지않게 승리 후에도 방심하지 말자." 에베소서 6장에 나오는 바울의 경고와 맥락을 같이하는 말이다. "그러므로 하나님의 전신갑주를 취하라 이는 악한 날에 너희가 능히 대적하고 모든 일을 행한 후에 서기 위함이라"(13절). 자칫하면 우리는 전투에 이기고도 승리를 놓칠 수 있다.

우리 그리스도인들은 전투에 부딪친다. 우리는 사탄과 그의 간계에 대항하며, 하나님께 등 돌린 세상 가치관과 싸운다. 그리고 육신과도 전투를 벌인다. 우리의 본성은 우리를 불순종에 빠뜨리려 한다. 그리스도인의 삶은 놀이터가 아니라 전쟁터다. 그래서 우리는 한시라도 경계를 게을리해서는 안 된다. 사탄이 언제 유혹해올지 모른다. 베드로는 '근신하라 깨어라 너희 대적 마귀가 우는 사자같이 두루 다니며 삼킬 자를 찾나니'(벧전 5:8)라고 썼다. 한편 사탄은 우는 사자가 아니라 간사한 뱀으로 올 때도 있다. 우리는 그의 잔꾀를 분간하여 피할 줄 알아야 한다.

바울은 우리에게 "그런즉 선 줄로 생각하는 자는 넘어질까 조심하라"(고전 10:12)고 경고한다. 가장 위험한 시간 - 가장 철통 경계가 필요한 시간 - 은 승리한 직후다. 왠지 우리는 승리 후에 경계를 늦추고 자만심에 빠진다. 원수는 그 기회를 틈타 침투하여 우리를 넘어뜨린다.

갈멜산에서 압승을 거둔 후 선지자 엘리야가 그랬다. 알다시피 하늘에서 불이 내려와 제물을 핥았고 엘리야의 하나님이 이스라엘의 참 하나님임이 입증되었다. 엘리야는 거짓 선지자들과 제사장들을 죽인 후 온 백성이 돌이켜 회개하기를 기다렸다. 그러나 회개하기는커녕 백성들은 산정의 대격돌이 있기 이전으로 돌아갔다. 낙심과 패배감에 사로잡힌 엘리야는 걸음아 날 살려라 하고 광야로 달아나 뿌루퉁해졌다. 하나님께 죽여달라고까지 했다! 엘리야는 전투에 이기고도 승리를 놓친 것이다.

큰 승리 후의 자만심만큼 패배로 직결되는 것은 없다. 여호수아와 이스라엘 군대는 약속의 땅을 정복할 때 막강한 여리고 성을 어려움 없이 점령하고는 작은 아이 성에서 비참하게 무너졌다. 왜 그랬을까? 자만심 때문이었다. 그들은 큰 성 여리고에 비해 작은 성이라고 우습게 보았다. 여리고처럼 큰 성도 무너뜨렸으니 아이쯤이야 식은 죽 먹기라고 생각했다. 그러나 그들은 아이를 취하지 못하고 패배의 수모를 겪었다. 자만심에 빠져 미처 하나님의 인도를 구하지 않았던 것이다. 진 안에 죄가 있었던 이스라엘 군대는 패할 수밖에 없었다.

큰 승리 후에 어려운 시험이 닥쳐올 때가 많다. 홍해를 건넌 모세와 이스라엘 백성은 애굽 군대가 수장되는 것을 보았다. 대승이었다. 그러나 사흘 후 백성들은 목말라 괴로워했고 그들이 발견한 물은 써서 마실 수 없었다. 백성들은 자기들을 구속하신 하나님을 의지하기보다 오히려 그분을 원망하기 시작했다. 그들은 전투에 이기고도 승리를 놓친 것이다.

제자들과 함께 적은 빵과 물고기로 5,000명을 먹이신 후 예수님은 그들에게 배에 올라 갈릴리 호수 저편으로 건너가라 명하셨다. 인기 최고의 리더들이 된 그 마당에 제자들은 분명 무리를 떠나기 싫었을 것이다. 그렇게 적은 음식으로 그렇게 많은 사람을 먹이다니 얼마나 대단한 일인가! 제자들의 배가 호수로 떠나자 풍랑이 일었다. 어느새 그들은 겁과 두려움에 사로잡혀 울부짖고 있었다. 그들을 지켜주실 예수님을 의지하는 대신 절망하며 주저앉았다. 그들은 뭍의 전투는 이겼지만 바다에서 승리를 놓쳤던 것이다.

예수님이 세례받으실 때 하나님은 하늘에서 말씀하시고 성령이 비둘기같이 임하셨다. 그 바로 직후에 예수님이 성령에 이끌려 고적한 광야에 가서 마귀에게 시험받으신 데는 깊은 의미가 있다. 비둘기같은 성령이 눈에 보일 때 하나님을 의지하는 것과 배고프며 외롭고 유혹이 엄습할 때 하나님을 의지한다는 것은 전혀 다른 문제다. 그러나 예수님은 승리를 놓치지 않으셨다. 그분은 단번에 영원히 사탄을 이기셨다. 우리 주님에게 가장 어려운 시기 가운데 하나가 기쁨과 승리와 축복의 체험 직후에 찾아왔다.

대개 큰 승리 후에 큰 시험이 찾아온다. 내 경험뿐만 아니라 당신의 경험을 보아도 알 것이다. "전투 전 못지않게 승리 후에도 방심하지 말자"던 앤드류 보나의 충고를 따르는 것이 그래서 중요하다. 하지만 하나님이 왜 승리 후에 시험을 허락하시는지 생각해보자.

먼저 주님은 우리 삶에 균형이 필요함을 아신다. 피조 세계가 밤과 낮, 여름과 겨울로 균형을 이루듯이 우리 삶도 다양한 경험으로 균형을 이룬다. 삶의 상황이 하나님의 주권 하에 있음을 알면 순종의 삶을 사는 데 큰 힘이 된다. 우리가 승리했다면 그 승리를 주신 분은 하나님이다. 승리 후에 시험이 닥쳤다면 그 시험을 허락하신 분도 하나님이다. 삶의 경험들이 서로 모순처럼 보여도 우리는 절대 두려워할 필요가 없다. 우리의 시간이 그분의 손 안에 있기 때문이다.

흔히 승리 후에 시험이 따르는 데는 또 다른 이유가 있다. **축복으로 우리가 얼마나 교훈을 얻었는지 전투를 통해 확인된다.** 엘리야는 하나님이 하늘에서 불을 내리시는 것을 보고도, 왕비 이세벨이 자기를 죽이려 위협하자 삼십육계 줄행랑을 놓았다. 불로 응답하시는 하나님이 자기 종을 보호하실 능력은 없겠는가? 말도 안 된다! 제자들을 생각해보라. 그들은 적은 빵과 물고기를 수천 배로 늘리시는 예수님의 엄청난 능력을 보고도, 어찌된 일인지 풍랑 속에서 자기들을 지켜주실 그분을 믿지 못했다!

전투는 하나님의 능력을 보여주고 승리를 유지하는 일은 당신과 나의 참 모습을 보여준다. 우리는 전투 속에서 하나님을 더 잘 알게 되고 승리 속에서 우리 자신을 더 잘 알게 된다. 엘리야는 갈멜산에서 하나님의 능력을 깨달았고 호렙산에서 자신의 연약함을 깨달았다. 제자들은 뭍에서 그리스도의 능력을 보았고 바다에서 자신들의 불신을 보았다. 오병이어의 기적은 그날의 수업이었고 풍랑은 수업에 대한 시험이었다. 우리는 시험에 낙제하고나서야 교훈을 깨닫는 경우가 얼마나 많은가.

여기서 깨닫게 되는 근본 진리가 있다. **하나님이 전투중에 가르쳐주신 교훈을 승리 후에 절대 의심하지 말라.** 이 진리가 장차 우리 모두에게 도움이 되기를 바란다. 자만심을 경계하라. 자만심이 들기 시작하거든 주님께 나아가 은혜와 자비를 구하라. 자만심은 적에게 우리의 승리를 앗아갈 문을 열어준다. 그래서 예수님은 "깨어 있어 기도하라"고 명하셨다. 늘 눈을 뜨고 있으라! 느낌이 아무리 좋아도 육신을 믿지 말라. 우리의 패배는 대부분 전투중에 발생하지 않고 승리 후에 찾아온다.

15

하나님의 인도의 청사진

하나님은 지금도 자기 백성을 인도하고 계실까? 그분이 아브라함과 모세와 사도 바울을 인도하신 것은 분명하지만 우리도 인도하실까? 우리는 주님께 나아가 삶의 결정에 필요한 지도를 구할 수 있을까? 하나님 말씀에 따르면 그렇다. "너는 마음을 다하여 여호와를 의뢰하고 네 명철을 의지하지 말라 너는 범사에 그를 인정하라 그리하면 네 길을 지도하시리라"(잠 3:5-6).

나이가 들수록 우리는 하나님의 인도의 필요성을 더욱 절실히 느낀다. 선지자 예레미야가 아주 분명히 말했다. "여호와여 내가 알거니와 인생의 길이 자기에게 있지 아니하니 걸음을 지도함이 걷는 자에게 있지 아니하니이다"(렘 10:23). 혼자 가면 당신과 나는 실수하여 길을 잃는다. 그러나 주님의 지도를 받으면 길이 열린다. 하나님의 인도를 받는 삶의 첫 걸음은 그 필요성을 인정하는 것이다. 내 힘만으로 충분하다고 생각하면 하나님이 우리를 인도하실 수 없다. 그러나 내 한계를 깨닫고 그것을 하나님께 인정하면 그분이 우리를 이끄실 수 있다. 인도를 받으려면 믿음이 필요하다. 삶의 일상적 활동에서도 그렇다. 낯선 곳의 주소를 찾아가본 일이 누구나 있을 것이다. 대개 우리는 행인을 붙잡고 길을 묻는다. 경찰을 찾을 때도 있다. 낯선 행인이 나를 옳은 길로 인도해 줄 거라고 믿기 때문이다. 삶의 특정한 문제로 결정을 내려야 할 때 우리는 대개 의사, 변호사, 은행 등 전문가를 찾아간다. 전문가가 내게 바른 조언을 해줄 거라고 믿는 것이다.

그래서 잠언 3장 5-6절은 믿음으로 시작된다. "너는 마음을 다하여 여호와를 의뢰하고." 하나님은 우리가 그분을 믿고 삶을 맡기기 원하신다. 그리고 절대 우리를 나쁜 길로 인도하지 않겠다고 약속하신다. 다윗은 시편 23편에 그것을 이렇게 말한다. "자기 이름을 위하여 의의 길로 인도하시는도다"(3절). 당연히 우리는 주님을 의지할 수 있다. 그분은 모든 것을 아시고, 우리를 사랑하시며, 절대 우리를 잘못 인도하지 않으시기 때문이다. 그분께는 우리 삶에 대한 완전한 계획이 있다. 그분은 우리가 그 계획대로 따라가기 원하신다.

물론 생면부지의 사람을 의지할 수는 없다. 예수 그리스도의 인도를 받기 원한다면 당신은 그분을 자신의 구주와 주님으로 믿어야 한다. 그리스도께 당신을 드리면 하나님은 당신의 아버지가 되시고 그리스도는 당신의 목자가 되시며 성령은 당신의 교사가 되신다. 세 분이서 함께 당신을 하나님 뜻 안으로 인도하신다. 믿지 않는 사람들은 어둠 속에 행하지만 하나님의 자녀는 빛 가운데 행한다. "의인의 길은 돋는 햇볕같아서 점점 빛나서 원만한 광명에 이르거니와"(잠 4:18).

잠언 3장 5절에서 지적한 대로, 주님을 믿는 우리 믿음은 건성이 아니라 전심이어야 한다. "너는 마음을 다하여 여호와를 의뢰하고." 야고보는 우리에게 '두 마음을 품어 모든 일에 정함이 없는 자'(약 1:8)가 되지 말라고 말한다. 예수님은 한 사람이 두 주인을 섬기지 못한다고 경고하신다. 우리 마음속에 불순종이나 반항의 영역이 있다면 하나님은 우리를 인도하지 않으신다. 반면 우리가 전폭적으로 그분께 자신을 드린다면 그분은 약속대로 우리의 걸음을 인도하신다. 단 "네 명철을 의지하지 말라"는 경고가 붙어 있다.

우리의 명철을 '의지하지' 말라는 하나님의 경고는 우리 뇌를 더 이상 사용하지 말라는 뜻이 아니다. 하나님의 인도가 감정이나 음성이나 신기한 환경으로 주어진다는 이상한 생각을 품고 있는 사람들이 많은데 이는 사실이 아니다. 하나님은 자신의 진리를 우리에게 전달하시되 그분 말씀을 통해 우리 생각 속에서 그리하신다. 성경에는 뜻을 다하여 하나님을 사랑한다든지 성령으로 마음(생각)을 새롭게 한다는 말이 자주 나온다. 우리를 인도하실 때 하나님은 생각을 무시하지 않고 그것을 활용하신다.

여기 경고는 우리의 본성적 논리를 의지하지 말라는 것이다. 이사야 선지자는 하나님의 생각은 우리 생각과 다르고 하나님의 길도 우리 길과 다르다고 지적한다. 인간의 본성적 생각이 하나님의 생각에 필적할 수 있다고 생각한다면 그것은 어리석은 생각이다! 내 명철을 의지한다는 말은 내 경험, 내 사고를 의지하며 그것을 하나님 뜻에 복종시키지 않는다는 뜻이다. 물론 하나님은 내가 삶의 결정을 앞두고 사태를 저울질하며 심사숙고하기 원하시지만 전적으로 내 논리를 의지하는 것은 원하지 않으신다.

이 원리의 몇 가지 예를 성경에서 찾아보자. 어린 다윗이 군진에 가보니 골리앗이 병사들을 위협하고 있었다. 다윗은 즉시 거인에게 도전장을 날렸다. 사자와 곰을 죽일 때 하나님의 도우심을 체험했던 다윗은 하나님이 거인도 이기실 수 있음을 알았다. 그러나 다윗의 형들은 그를 비웃었고, 사울은 그에게 맞지도 않는 군복을 입히려 했다. 그들은 자기 명철을 의지했지만, 다윗은 하나님의 인도를 따르고 있었다.

겟세마네 동산에서 예수님이 군병들에게 체포되자 베드로는 검으로 그분을 방어하려 했다. 합리적인 행동이지만 하나님이 보시기에는 잘못된 것이었다. 예수님은 베드로를 꾸짖으신 뒤 베드로 때문에 다친 사람을 고쳐주셨다. 합리적인 일이 반드시 성경적인 일은 아닐 때가 있다. 노아가 맑은 하늘 아래 배를 짓고 여호수아가 여리고를 일주일 동안 빙빙 돈 것은 합리적인 일 같지 않았으나 실은 하나님 뜻 가운데 있었다.

성경을 읽고 기도하면, 성령이 우리 마음을 새롭게 하여 하나님의 생각으로 생각할 수 있게 해주신다. 하나님은 말씀을 통해 우리 생각 속에서 우리와 대화하신다. 우리는 내 본성적 지식이 아닌 그분의 계시를 의지해야 한다. 하나님은 무지를 장려하지 않으시지만 그렇다고 내 IQ에 기대지도 않으신다. 하나님이 우리를 인도하시려면 우리 쪽에서 두 가지 조건이 충족되어야 한다. 믿음과 순종이다. "너는 마음을 다하여 여호와를 의뢰하고 네 명철을 의지하지 말라." 이것이 믿음이다. 나아가 잠언 3장 6절에는 "너는 범사에 그를 인정하라 그리하면 네 길을 지도하시리라"고 했다. 이것이 순종이다. 참 믿음은 언제나 하나님 뜻에 대한 순종으로 이어진다. 노아는 하나님을 믿었는데 그 믿음은 하나님께 순종해 방주를 짓는 것으로 입증되었다. 아브라함도 하나님을 믿었는데 그 믿음은 미지의 땅을 향해 고국을 떠나는 것으로 입증되었다.

잠언 3장 5-6절의 '다하여'와 '범사에'라는 말에 주목하라. 둘 다 전부를 뜻하는 말이다. 이미 계시해주신 일에서 하나님께 순종한다면 아직 계시하지 않으신 일에 대해서도 그분의 인도를 확신할 수 있다. 우리가 다음 걸음을 그분의 명대로 순종한다면 그분은 앞으로 자신의 뜻을 더 많이 보이실 것이다. 하나님은 자신의 뜻을 한꺼번에 보이지 않으시고 하루하루 한 걸음씩 보이신다. 예수님은 요한복음 7장 17절에 "사람이 하나님의 뜻을 행하려 하면 이 교훈[을]… 알리라"고 하셨다. F. W. 로버트슨(F. W. Robertson)은 순종이란 영적 지식의 기관(器官)이라고 말하곤 했다. 하나님 뜻을 알고나서 순종하는 것이 아니다. 일단 순종하면 하나님이 깨닫게 하신다.

우리 삶에 하나님의 인도를 막는 것은 불순종과 죄다. "내가 내 마음에 죄악을 품으면 주께서 듣지 아니하시리라"(시 66:18). 삶에 하나님의 인도를 구하려면 당연히 성경을 읽고 기도해야 한다. 하나님은 말씀과 기도를 통하여 우리에게 말씀하시기 때문이다. 그러나 우리가 하는 모든 분야에서 하나님을 인정하고 순종하는 것도 똑같이 중요하다. 하나님을 인정하고 높이는 데 사용되는 일이 아니라면 우리는 하나님 뜻과 상관없는 일을 하는 것이다.

하나님은 우리 삶에 대한 청사진을 갖고 계시며 사랑으로 그 계획을 이루기 원하신다. 단 우리의 협력이 필요하다. 잠언 3장 5-6절의 공식은 아주 간단하다. 믿고 순종하면 된다. "너는 마음을 다하여 여호와를 의뢰하고 네 명철을 의지하지 말라 너는 범사에 그를 인정하라 그리하면 네 길을 지도하시리라."

기도의 본질적 요소

우리의 가장 큰 특권이라면 기도를 빼놓을 수 없다. 제자들은 기도하시는 예수님을 보고 청했다. "우리에게도 기도를 가르쳐주옵소서." 당신과 나는 어렸을 때 기도문을 배웠다. 이제 우리는 기도의 방법을 배울 필요가 있다. 기도는 입술에서 나오는 말 이상이다. 기도는 심령의 갈망이 말로 표현된 것이다. 존 번연(John Bunyan)은 "기도할 때는 마음 없는 말보다 말 없는 마음이 낫다"고 했다. 성경에 기도에 관한 약속이 많이 나오지만 그 가운데 하나만 함께 생각하고 싶다. 요한복음 15장 7절이다. "너희가 내 안에 거하고 내 말이 너희 안에 거하면 무엇이든지 원하는 대로 구하라 그리하면 이루리라"

제자들은 비탄에 잠겼다. 다락방 모임에서 예수님이 곧 그들을 떠나겠다고 말씀하신 것이다. 3년간 그들을 가르치고 인도하며 보호하고 심지어 먹여 주기까지 하신 그분이 이제 그들을 떠나실 참이었다. 십자가를 앞둔 마지막 메시지에서 예수님은 장차 자신이 천국에서 어떻게 그들을 돌보실지 설명해주셨다. 그분의 약속 가운데 하나는 그들의 기도에 응답하시겠다는 것이었다. 요한복음 15장 7절의 놀라운 약속에는 세 가지 요소가 들어있다. 거함과 구함과 응답이다.

요한복음 15장에서 예수님은 거한다는 단어를 적어도 12번 이상 사용하신다. 그분은 포도나무와 가지의 예를 드신다. 가지는 나무에 붙어 있어 나무의 생명과 힘을 흡수한다. 가지는 거하기만 하면, 즉 포도나무에 붙어 있기만 하면 열매는 저절로 맺힌다. 그리스도인인 당신과 나도 믿음으로 그리스도께 붙어 있다. 그러나 이 연합에 교제가 수반되어야 한다. 우리는 그분과 사귀며 그분의 생명과 능력을 흡수해야 한다. 그리스도 안에 거한다는 것은 간단히 말해 그분과 늘 교제한다는 뜻이다. 그분과의 교제는 하나님 말씀, 예배, 순종을 통해 이루어진다. 그분께 불순종하면 교제가 단절되어 기도할 수 없다. 그러나 그분께 순종하고 그분 말씀에 내 삶의 통제권을 내드리면 우리는 기도할 수 있고 하나님은 응답하신다.

거함에는 양면이 있다. 우리는 그리스도 안에 거하고 그분 말씀은 우리 안에 거한다. 날마다 시간을 내서 하나님 말씀을 대한다면 당신과 나는 자신의 필요를 하나님께 아뢰며 그분의 도움을 청할 수 있다. 성경을 펼치면 하나님이 내게 말씀하신다. 또 나는 기도로 하나님께 말씀드린다. 하나님이 내 말을 듣는 것보다 내가 그분 말씀을 듣는 것이 훨씬 더 중요하다! 기도 응답의 한 가지 비결은 내가 말씀 안에 거하고 말씀이 내 안에 거하게 하는 것이다. 성경을 읽는 시간은 친한 친구와 대화하는 시간과 같다.

슬프게도 주님과의 교제를 소홀히 하는 그리스도인들이 너무 많다. 날마다 그들은 성경을 읽거나 하나님께 아뢰는 시간 없이 하루 일과에 뛰어든다. 그리고는 왜 문제가 터지는지, 왜 하나님이 기도에 응답하지 않으시는지 의아해한다.

기도의 둘째 요소는 **구함**이다. "너희가 내 안에 거하고 내 말이 너희 안에 거하면 무엇이든지 원하는 대로 구하라 그리하면 이루리라." 기도에는 요청하는 것 훨씬 이상의 의미가 있다. 하나님께 대한 찬양, 감사, 예배, 헌신도 기도에 빼놓을 수 없다. 그러나 기도에서 중요한 부분은 구함이다. 예수님은 "구하라 그러면 너희에게 주실 것이요"라고 말씀하셨다. 야고보도 "너희가 얻지 못함은 구하지 아니함이요"(약 4:2)라고 했다.

우리가 무슨 권리로 전능하신 하나님께 구한단 말인가? 미천한 인간이 우주의 하나님께 뭘 구하다니 약간 건방진 일 아닌가? 이 질문에 두 가지 답이 있다. 우선 우리는 그저 '미천한 인간'이 아니다. 우리는 예수 그리스도를 믿어 하나님의 자녀가 되었다. 예수님은 "너희가 악할지라도 좋은 것을 자식에게 줄 줄 알거든 하물며 너희 천부께서 구하는 자에게 성령을 주시지 않겠느냐"(눅 11:13)고 말씀하신 적이 있다. 하나님은 자녀들의 청을 들으신다. 다윗은 "여호와의 눈은 의인을 향하시고 그 귀는 저희 부르짖음에 기울이시는도다"(시 34:15)고 썼다.

내가 어렸을 때 동네 아이들은 늘 우리 집에 모였다. 우리 집 문간이나 마당에 열댓 명의 아이들이 바글거리던 일이 지금도 기억에 선하다. 내 아버지와 어머니는 떠드는 소리 가운데서도 그들의 네 자녀의 목소리에는 특히 귀가 밝았다. 하나님도 똑같다. 시편기자에 따르면 그분은 자연의 소리를 들으신다. 양식을 찾아 부르짖는 짐승과 새들의 소리를 들으신다. 하나님은 반역하는 나라들의 소리도 들으신다. 그러나 아우성치는 세상 모든 소리보다도 하나님은 자녀들의 부르짖음을 더 크게 들으신다. 예수 그리스도를 믿어 하나님의 자녀가 되었기에 우리는 필요한 것을 그분께 구할 권리가 있다.

그러나 우리에게 기도의 권리가 있는 둘째 이유가 있다. 하나님이 우리를 기도로 부르셨다. 사실 그분은 기도를 명하셨다. 기도 없이는 우리가 인생을 제대로 살 수 없음을 그분은 아신다. 그래서 우리에게 기도를 권하신다. 그렇다면 우리로서는 기도의 특권을 만끽할 것이라고 생각하겠지만 왠지 우리는 그분께 필요를 구하는 일을 소홀히 하며 잊어버린다.

그리스도 안에 거하라. 그리고 필요한 것을 구하라. 기도는 예배요 찬양과 감사다. 그러나 근본적으로 기도는 우리의 필요를 하나님께 구하는 것이다. 내가 그분 안에 거하고 그분 말씀이 내 안에 거하면 우리는 마땅히 구해야 할 바를 알게 되며 따라서 이기적으로나 미련하게 구하지 않는다. 거하지 않고는 구하지 못한다. 당연하다. 하나님과 대화하는 시간을 내라. 당신의 필요와 문제와 마음의 소원을 아뢰라. 그분 보시기에 최선의 것으로 달라고 기도하라. 그분 안에 거하면 당신은 무엇이든지 원하는 대로 구할 수 있고 하나님은 응답하신다. 제대로 거하면 제대로 구하게 되기 때문이다.

요한복음 15장 7절에 나오는 기도의 셋째 측면은 응답이다. 우리가 부모로서 자녀들의 청을 즐거이 들어주듯이 하나님도 기도에 즐거이 응답하신다. 존 뉴턴(John Newton)은 이런 찬송시를 남겼다.

> 너 큰 소원을 품고서
> 왕께 나아가 구하라.
> 은혜와 능력 크시니
> 무엇도 과하지 않네.

다락방에서 낙심한 모습으로 기도에 관한 예수님 말씀을 듣던 제자들을 상상해보라. 그때까지 그들은 굳이 기도할 필요가 없었다. 예수님이 바로 옆에 계시니 무슨 문제든 직접 그분께 가져가면 됐다. 그런데 이제 그분이 떠나신다. 그러나 그분은 그들이 거하고 구하기만 하면 필요를 채우겠다고 약속하신다.

기도는 인색한 하나님을 굴복시키는 것이 아니라 쾌히 주시는 하나님을 붙잡는 것이라는 말이 있다. 맞는 말이다. 어렸을 때 우리는 부모에게 가서 필요한 것을 달라고 하는 법을 금방 배웠다. 부모가 거절할 것이 뻔하므로 절대 구하지 말아야 할 것들이 있음도 배웠다. 하나님도 마찬가지다. 그분이 주겠다고 약속하신 것을 구할 때, 그분은 우리 기도에 응답하시고 필요를 채우신다. 기도에 성경이 그토록 중요한 것이 그 때문이다. 하나님이 우리에게 무엇을 주기 원하시는지 성경에 나와 있다. 성경은 우리의 영적 예금통장이고, 기도는 우리가 하나님의 무한한 자원을 믿고서 끊는 수표다.

기도에서 가장 어려운 문제는 아마도 응답이 지체되는 문제일 것이다. 하나님께 필요를 아뢰고 그분의 일하심을 믿는데도 아무 변화가 없는 것 같다. 그러나 하나님은 기도 응답의 방법과 시기를 아신다. 하나님의 시계는 태엽을 감거나 다시 맞출 필요가 없다. 그분은 언제나 시간을 아신다. "하나님의 지체는 거부가 아니다"라는 말은 명언이다. 하나님의 길은 우리 길과 다르다. 그분은 최선의 길을 아신다.

기도를 작정했거든 우선 거하는 것부터 시작하라. 하나님 말씀이 심령에 들어와 당신을 깨끗하게 만들어야 한다. 그게 됐으면 이제 구하라. 당신 마음에 있는 것을 하나님께 아뢰라. 아뢴 다음에는 문제를 그분께 맡기라. 그분이 적시에 어련히 알아서 응답하실 것이다.

삶을 지탱하는 힘

역사의 위인들 중에 선지자 이사야가 있다. 그는 나라가 안으로 부패하고 밖으로 외침에 시달리던 시대에 자기 민족을 섬겼다. 막강한 바벨론 군대의 침공을 내다보았고, 그들이 예루살렘을 멸하고 자기 민족을 포로로 잡아가며 나라를 폐허로 만들 것도 알았다. 그러나 이 모든 혼란과 낙망의 한복판에서 이사야는 하나님의 메시지를 받았다. 고난받는 백성을 향한 희망과 격려의 메시지였다. "오직 여호와를 앙망하는 자는 새 힘을 얻으리니 독수리의 날개치며 올라감 같을 것이요 달음박질하여도 곤비치 아니하겠고 걸어가도 피곤치 아니하리로다"(사 40:31). 이 말씀은 금방이라도 포기할 것 같은 사람들에게 주신 약속이다.

삶이 힘들어 포기하고 싶어질 때가 있다. 사방이 꽉 막힌 것 같고 미래가 암울해보인다. 새 날이 밝아도 설렘과 벅찬 기대감은 간 곳 없고 피곤과 우울함뿐이다. 우리는 쓰러지기 직전이다. 삶이 이렇게 힘들어지면 술, 마약, 환락 등 엉뚱한 데 손대는 사람들이 있지만 결국 그래봐야 아무 소용없음을 깨달을 뿐이다. 지치고 낙심한 사람들 중에는 자살을 생각하는 이들도 있다.

쓰러질 것 같고 포기하고 싶은 삶의 힘겨운 시기에는 이사야 40장 31절의 놀라운 약속을 붙들라. 오늘의 우리에게 이 말씀이 무엇을 의미하는지를 살펴보자.

무엇보다 먼저 하나님은 우리를 **날게 하겠다고 약속하신다**. 살다보면 나는 것만이—삶의 문제 위로 비상하여 활공하는 것만이—해답인 때가 있다. 하나님은 우리를 독수리처럼 비상하도록 만들기 원하시는데 때로 우리는 개미처럼 한사코 바닥을 긴다. 얼마나 큰 비극인가! 당신을 옥조이는 힘겨운 상황 위로 하나님은 당신을 들어 올리실 수 있다. 그것은 상황을 무시하거나 잊어버린다는 뜻이 아니다. 상황을 뚫고 올라가 천국의 시각을 얻는다는 뜻이다. 독수리는 몇 킬로미터 상공을 날 수 있다. 당신도 그렇게 날 때 지상의 문제들은 훨씬 작아보이기 시작한다. 친구여, 하나님은 당신을 날게 하겠다고 약속하신다.

물론 그리스도가 당신의 구주가 아니라면 당신은 이 놀라운 약속을 주장할 수 없다. 그 경우라면 당신의 첫 걸음은 그분께 고개를 조아리고 믿음으로 당신 마음을 그분께 드리는 것이다. 그 후에야 당신은 하나님께 날게 해달라고 구할 수 있고, 그러면 그분은 당신을 번쩍 들어 올려 승리를 주실 것이다.

하나님은 우리를 날게 하실 뿐 아니라 또한 **달리게 하겠다고 약속하신다**. 알다시피 달리기란 피곤한 일이다. 그러나 살다보면 줄곧 달려야 할 때가 있다. 그만두고 싶어도 그만둘 수 없는 위기의 시간이 있다. 온종일 직장에서 일한 후 사랑하는 이를 문병하거나 친구를 보살핀 후 집에 돌아가 다시 집안일을 해야 하는 상황에 처했을 수도 있다. 그런 삶이 날마다 반복된다. 바로 그때 하나님은 우리에게 달려가도 곤비치 않는 힘을 주시겠다고 약속하신다.

의사들 말대로 위기의 시간이 닥치면 우리 몸은 그간 있는 줄도 몰랐던 괴력을 발휘한다. 각종 호르몬이 분비되어 혈류에 특단의 힘이 실린다. 그래서 우리는 엄청난 일들을 해낼 수 있다. 몸이 그렇다면 영은 말할 것도 없다. 한 발짝도 더 뗄 수 없는 삶의 위기 상황에 하나님은 우리를 달려가도 곤비치 않게 하신다. 신기하게도 우리는 계속 나아가며, 결국 우리 삶 속에 하나님 뜻이 이루어진다.

그러나 여기 셋째 약속이 있다. 하나님은 우리를 날게 하시고 달리게 하실 뿐 아니라 걷게 하겠다고 약속하신다. "걸어가도 피곤치 아니하리로다." 솔직히 나는 계속 걷는 것이 나는 것보다 더 힘들다고 생각한다. 삶에서 위기의 순간에는 어떻게든 주님께 나아가 그분의 능력에 힘입어 문제 위로 날아오른다. 삶의 비상시에는 특별한 흥분과 도전이 있다. 하지만 날마다 반복되는 일상은 어떤가? 독수리처럼 날개치고 올라가는 것이나 달음박질하여도 곤비치 않는 것은 그렇다 치자. 하지만 허구한 날 걷고 또 걷고 또 걷는 삶은 어떤가?

내 친구의 가정부는 종종 명언을 말하곤 한다. 하루는 그녀가 내 친구에게 말했다. "삶의 문제는 그것이 너무나 일상적이라는 데 있죠." 그렇다, 삶은 일상이다. 삶은 하루도 쉬지 않고 우리를 찾아온다. 그러나 하나님은 걸어가도 피곤치 않도록 날마다 필요한 힘을 우리에게 주겠다고 약속하신다. 당신의 일상 생활에는 낭만적인 면이 전혀 없을지 모르지만 그 일상은 당신과 하나님과 당신을 의지하는 다른 이들에게 중요하다.

하나님은 당신을 날고 달리고 걷게 하실 수 있다. 단 당신이 해야 할 일이 있다. 이사야 40장 31절은 '오직 여호와를 앙망하는 자는 새 힘을 얻으리니'라고 말한다. 주를 바라는 것이야말로 포기하고 싶을 때 계속 지탱하는 비결이다.

주를 앙망한다는 것은 무슨 뜻인가? 우선 우리는 예배와 기도로 그분 임재 안에서 시간을 보내야 한다. 당신과 나는 충동적으로 하나님을 앞서가는 성향이 있다. 주를 바라며 그분 임재 안에 잠잠히 거하기만 하면 우리는 하루하루 지탱하는 데 필요한 힘과 지혜를 얻는다. 시편기자는 "너는 여호와를 바랄지어다 강하고 담대하며 여호와를 바랄지어다"(시 27:14)라고 말한다. 하나님 앞에 마음을 잠잠케 하고 말씀을 읽고 기도로 아뢰며 그분의 힘을 참을성 있게 바랄 때 놀라운 변화가 찾아온다.

이사야 40장 31절의 새 [힘을] 얻는다는 말은 본래 '맞바꾼다' 는 뜻이다. "여호와를 앙망하는 자는 힘을 맞바꾸리니." 우리의 힘을 그분의 힘으로 맞바꾼다. 우리의 소형 건전지를 내놓고 그분의 발전기에 접속된다! 삶을 지탱하는 데 필요한 모든 힘이 그분께 있으니 우리는 포기할 이유가 없다. 포기하고 싶다면 잠시 이사야 40장 31절의 약속을 생각해보라. 주 앞에서 기다리라. 그분으로 말미암아 마음을 잠잠케 하라. 당신의 연약함을 그분의 힘으로 맞바꾸라. 날마다 그분 앞에서 시간을 보내라. 이후의 변화에 당신은 놀랄 것이다. 당신은 쓰러지지 않고 날게 될 것이다. 독수리처럼 날개치며 올라갈 것이다. 달려가도 곤비치 않을 것이다. 그리고 걸어가도 피곤치 않을 것이다.

18

두려움을 이기는 비결

언젠가 한 부인이 D. L. 무디(D. L. Moody)에게 다가와, 두려움을 이기게 해주는 놀라운 약속을 성경에서 찾았노라고 말했다. 그녀의 구절은 시편 56편 3절이었다. "내가 두려워하는 날에는 주를 의지하리이다." 무디 목사는 "나는 그보다 더 좋은 약속이 있습니다!"라고 대답한 뒤 이사야 12장 2절을 인용했다. "보라 하나님은 나의 구원이시라 내가 의뢰하고 두려움이 없으리니." 과연 더 놀라운 약속이었다.

두려움에 빠지기 너무도 쉬운 이 시대에 이사야 12장 2절은 꼭 알아둘 말씀이다. 예수님은 말세가 되면 장차 올 일들에 대한 두려움 때문에 사람들이 낙담하리라고 말씀하셨다. 오늘날 이미 그런 현상이 나타나고 있다. 두려움의 극복에 관한 심리학자들의 책과 기사가 쏟아져 나오고 있다.

좋은 두려움도 있다. 우리는 아이들에게 큰길가에 가지 못하게 하며, 차에 치는 것에 대해 건강한 두려움을 심어준다. 물론 그런 유아적 두려움은 결국 보다 성숙한 상식으로 대체되지만 벌에 대한 두려움은 훈육의 한 기초다. 그것은 선행에 대한 가장 숭고한 동기는 아니겠지만 적어도 출발에 도움은 된다.

성경에는 여호와를 두려워하는[경외하는] 것에 대한 말이 자주 나온다. 성경은 '여호와를 경외하는 것이 지식의 근본'이요 '여호와를 경외하는 것이 생명의 샘'이라고 말한다. 물론 이 두려움은 하나님께 대한 합당한 공경과 경외를 의미한다. 이는 잔인한 주인 앞에서 벌벌 기는 노예의 두려움이 아니라 사랑의 하늘 아버지를 향한 자녀의 마땅한 공경이다. 그리스도 안에 있는 풍성한 삶의 길이 이 두려움에서 열린다.

이사야 12장 2절에서 말하는 두려움은 사람을 옴짝달싹 못하게 만드는 두려움, 마음과 생각 속에 파고들어 긴장과 염려를 자아내는 두려움, 삶을 누리거나 최선을 다하지 못하게 막는 두려움이다. 삶을 두려워하고 죽음을 두려워하며 과거를 두려워하고 미래를 두려워하는 사람들을 나는 매주 만난다. 사실상 그들의 삶은 두려움의 노예가 되어 있다.

두려움의 노예가 되는 것은 예수 그리스도가 우리에게 뜻하신 삶이 절대 아니다. 성경을 읽다보면 하나님이 사람들에게 "두려워 말라"고 말씀하신 일이 신기할 정도로 많다. 목자들에게 나타나 그리스도의 베들레헴 탄생을 알리던 천사들의 첫마디는 "두려워 말라"였다. 베드로가 주님 발 앞에 엎드려 죄 많은 자신을 떠나달라고 했을 때 예수님은 베드로에게 "무서워 말라"고 말씀하셨다. 딸이 죽었다는 비보를 전해 들은 야이로에게 예수님은 "두려워 말고 믿기만 하라"고 하셨다. 예수 그리스도는 우리가 두려움을 이기기 원하신다. 그리고 그분은 우리가 싸움에 이기도록 능히 도우실 수 있다.

우리 삶에 두려움을 일으키는 것은 무엇인가? 때로 양심의 가책이 두려움을 낳는다. 아담과 하와는 죄를 범한 후 가책이 들면서 두려움을 느꼈다. 그래서 하나님을 피해 숨으려 했다. "양심은 우리 모두를 겁쟁이로 만든다"던 셰익스피어(Shakespeare)의 말은 명언이다. 하나님께 불순종할 때마다 우리는 그분과의 친밀한 교제를 잃으며, 그러한 영적 외로움은 두려움을 낳는다. 우리는 행여 누가 내 행동을 알까 초조해한다. 발각될까봐 노심초사한다. 내 죄에 비참한 대가가 따르지 않기를 내심 원한다. 이 문제에 대한 해답은 물론 하나님께 용서를 비는 것이다. 우리가 죄를 자백하고 버리면 하나님은 우리 죄를 깨끗케 하겠다고 약속하신다.

무지도 두려움의 원인이 될 때가 많다. 아이들은 밤을 무서워한다. 그림자가 거인과 곰과 유령처럼 보이기 때문이다. 그러나 어른들도 일의 실상을 잘 모르면 두려움에 사로잡힐 수 있다. 자신에 대해서든 사랑하는 이에 대해서든 미래에 대한 불안은 때로 두려움을 낳는다.

또 다른 원인은 자신이 약하다는 느낌이다. 우리는 매사를 제 힘으로 감당하는 데 익숙해져서, 감당 못할 위기가 닥치면 무력감과 두려움을 느낀다.

싸움이 시작되기 전이나 싸움중에만 두려움을 느끼는 것은 아니다. 그것은 승리 후에 찾아올 때도 있다. 흔히 정서적 허탈감이 들면서 두려움이 밀려드는 것이다. 창세기 15장에는 막강한 네 왕과 전쟁하여 승리한 후에 그런 일을 경험하는 아브라함의 이야기가 나온다. 그날 밤 자리에 누운 아브라함은 그 왕들이 우세한 전력을 이끌고 다시 돌아와 치면 어쩌나 하는 생각이 들었다. 바로 그때 하나님은 아브라함에게 나타나 말씀하셨다. "아브람아 두려워 말라 나는 너의 방패요 너의 지극히 큰 상급이니라"(창 15:1).

그러나 모든 사례를 살펴보고 두려움의 근본 원인을 찾아보면 선명히 부각되는 진리가 하나 있다. 두려움의 참 원인은 불신이라는 것이다. 제자들이 겁에 질려 제정신을 잃었을 때 예수님은 풍랑을 잠잠케 하신 후 말씀하셨다. "어찌하여 이렇게 무서워하느냐 너희가 어찌 믿음이 없느냐"(막 4:40). 두려움과 믿음은 절대 친구가 될 수 없다. 두려워한다면 그것은 믿음이 없다는 신호다. 그래서 이사야 12장 2절에서는 "보라 하나님은 나의 구원이시라 내가 의뢰하고 두려움이 없으리니"라고 말한다.

두려움을 이기는 비결은 하나님을 믿는 믿음이다. 하나님이 풀지 못할 만큼 큰 문제, 지지 못할 만큼 무거운 짐, 싸워 이길 수 없을 만큼 힘겨운 싸움은 없다. 원수는 우리의 평안을 빼앗고 두려움에 얼어붙게 만들려 하지만 하나님은 크신 분이며 원수를 능히 이기신다. 이사야 12장 2절은 '내가 두려울 때 의뢰하리니'라고 되어 있지 않고 '내가 의뢰하고 두려움이 없으리니'라고 되어 있다. 믿음은 병균을 죽이는 약 정도가 아니다. 아예 병균이 감염되지 못하게 막아주는 영적 능력이다.

선지자가 앞세우는 말을 잘 보라. "보라 하나님은 나의 구원이시라." 두려움을 극복하고 싶다면 자신과 자신의 감정과 괴로운 문제에서 눈을 떼어 하나님을 바라보라. 약속의 땅을 탐지한 구약의 이스라엘 정탐꾼들은 겁에 질렸다. 거인들과 높은 성벽들을 보자 상대적으로 자신들은 메뚜기처럼 느껴졌다. 적병들이 장신이고 성벽이 높았던 것은 사실이지만 하나님은 그 모든 것보다 훨씬 위에 계셨다. 조금만 더 눈을 들어 하나님을 보았다면 정탐꾼들은 무섭지 않았을 것이다. 그러므로 두려움을 극복하는 첫 걸음은 **믿음으로 하나님을 보는 것이다**. 하나님을 예배하라. 그분의 위대하심과 영광을 바라보라. 지금도 그분이 보좌에 계심을 명심하라.

둘째 걸음은 하나님 말씀을 붙드는 것이다. 믿음은 들음에서 나며 들음은 하나님 말씀에서 난다. 성경을 읽을 때 우리 믿음이 자란다. 하나님이 그 백성의 필요를 언제나 충분히 채우셨음을 우리는 성경을 읽을 때 깨닫는다.

셋째 걸음은 **기도하며 성령께 자신을 맡기는** 것이다. 당신의 두려움을 하나님께 아뢰라. 당신의 두려움이 정말 불신의 증거임을 고백하라. 복음서 기사에 나오는 그 근심에 찬 아버지처럼 당신도 하나님께 믿음 없음을 도와달라고 기도하라. 성령께 자신을 맡기라. 성령은 당신 안에 역사하여 두려움을 몰아내고 평안을 주실 수 있다. 디모데후서 1장 7절은 "하나님이 우리에게 주신 것은 두려워하는 마음이 아니요 오직 능력과 사랑과 근신하는 마음이니"라고 기록되어 있다. 당신 안의 성령은 연약한 당신에게 능력을 주실 수 있다. 사랑을 부어주실 수 있다. 당신의 사고에 질서와 절제를 주실 수 있다. 성령은 하나님이 보내신 상담자다. 그러니 자신을 성령께 내어맡기라.

성령의 사역 가운데 하나는 우리에게 예수 그리스도를 깨우치시는 것이다. 기도하며 말씀을 읽는 사이 성령은 당신에게 예수 그리스도에 대한 영적 지각을 주신다. 그리하여 예수님은 당신에게 생생한 실체가 된다. 풍랑과 시련의 한복판에서도 예수 그리스도는 당신에게 평안과 용기를 가져다주신다.

당신은 두려워할 이유가 없다. 두려움은 당신을 약탈하고 농락하고 무기력하게 만들 뿐이다. 예수 그리스도는 당신의 두려움을 몰아내고 평안을 주실 수 있다. "보라 하나님은 나의 구원이시라 내가 의뢰하고 두려움이 없으리니."

베틀의 북

먼 옛날 로마의 한 시인은 "시간은 날아간다"는 짧은 명언을 남겼다. 유수와 같은 세월은 굳이 시인과 철학자가 아니더라도 누구나 아는 바다. 이렇게 말한 시인도 있다. "시간이 간다고? 아니다. 시간은 가만히 있고 우리가 가는 거다!" 맞는 말일 것이다. 성경은 시간에 대해 그리고 시간이 쏜살같이 흐른다는 사실에 대해 많은 말을 해준다. 욥기 7장 6절을 보라. "나의 날은 베틀의 북보다 빠르니 소망 없이 보내는구나."

나이가 들수록 세월이 더 빨리 흐르는 것 같다. 크리스마스 쇼핑을 끝낸 것이 엊그제 같은데 벌써 여름휴가가 돌아와 짐을 꾸리고 있는 기분이다. 그리고 아이들은 학교로 돌아가고, 어느새 다시 연말연시가 돌아온다. 월간 일정표를 채우면서 나는 너무도 빨리 흐르는 시간에 놀란다. 물론 시간이 기어 가는 것처럼 느껴지는 사람들도 있겠지만 우리들 대부분에게 욥의 말은 꼭 맞는다.

우리 부부는 조용한 산촌에서 자주 휴가를 보냈는데 그곳에는 수공예품을 전문으로 파는 가게들이 몇 있었다. 솜 타는 기계 사이를 걸으며, 구식 베틀로 옷 짜는 사람들을 지켜보노라면 기분이 좋았다. 욥이 당대의 손베틀이 빠른 줄 알았다면 요즘의 베틀을 보아야 했다! 직물 사이를 휙 지난 북은 눈 깜짝할 사이에 다시 돌아온다. 욥은 빠른 인생을 적절한 비유로 잘 표현했다.

삶이 쏜살같이 빠르다는 사실에서 요즘 몇 가지 새로운 문제가 야기되고 있다. 우선 당신과 나는 이전의 우리 부모나 조부모들처럼 삶을 이해하고 소화할 시간이 없다. 요즘은 무슨 일이 벌어지면 순식간에 온 세상이 다 알게 된다. 게다가 벌어지는 일들이 하도 많아 우리는 온갖 뉴스와 변화와 위협에 치일 정도다. 어떤 작가는 이를 두고 '미래 쇼크'라 말했다. 의사들에 따르면 삶의 스트레스와 급속한 변화 때문에 사람들이 정말 정서와 육체에 병을 얻는다고 한다.

이 문제를 해결하는 방법이 꽤 있다. 하나는 세상은 제멋대로 돌아가게 내버려두고 우리는 과거로 물러나는 것이다. 그러나 그리스도인들은 그렇게 살 수 없다. 우리에게는 세상을 향한 사역이 있다. 우리는 세상을 정지시키고 하차할 수 없다. 그리운 옛날에 대한 향수는 당분간은 재미있고 또 잘못된 것도 아니지만 향수가 헌신된 그리스도인의 생활 방식이 될 수는 없다. 또 하나 가능한 접근은 변화에 항거하며 베틀의 속도를 늦추려 해보는 것이다. 그러나 이는 실패가 뻔한 길이다. 현대 세계의 변화의 위력을 막느니 차라리 물맷돌로 제트비행기를 막는 게 나을 것이다.

그리스도인은 현실 세계의 정황 속에 살아야 한다. 날마다 필요한 평안과 힘을 그리스도께서 주실 것을 믿어야 한다. 하나님은 시간과 변화에 영향받지 않으신다. 그분은 위대한 현재적 존재다. 예수 그리스도는 어제나 오늘이나 영원토록 변함없으시다. 하나님 말씀은 천국에 영원히 선다. 천지는 없어져도 그분 말씀은 없어지지 않는다. 그러므로 세월이 너무 빨리 간다고 거기 항거하거나 굴하지 말라. 대신 그리스도께 자신을 드리라. 그러면 시간은 당신을 대적하지 않고 당신을 위해 작용한다.

"나의 날은 베틀의 북보다 빠르니." 이 말을 할 때 욥은 힘든 시기를 보내고 있었다. "소망 없이 보내는구나"라고 덧붙인 것도 이해가 된다. 욥의 상황은 아주 절망적으로 보였다. 잇단 비극적 사고로 그는 부와 가족을 모두 잃었다. 건강마저 잃었다. 모든 것이 무너져 내렸고 빛이라곤 전혀 보이지 않는 캄캄한 어둠 속에 내던져졌다. 하나님을 붙들려 했지만 그분마저 멀게 느껴졌다.

아프거나 역경을 지날 때면 꼭 시간이 정지되는 것 같다. 병원에서 회복 중이던 때를 돌이켜보면 하루하루가 그야말로 느림보 거북이처럼 더뎠다. 자동차처럼 빨리 지나갔으면 좋겠는데 말이다. 욥은 환자였고 어려운 상황에 처했음에도 세월이 너무 빠르다고 한탄했다. 사실 욥기 7장 전체의 주제는 인생의 빠름이다. 욥은 자기 삶을 금방 있다 사라지는 바람과 구름에 비유한다. 8장에서는 그림자에, 9장에서는 나타났다 사라지는 배에 비유하고 있다. 인생은 피었다 지는 꽃이다.

그러나 욥은 빠른 세월 속에서 좋은 면을 보았던 것 같다. 첫째, 삶이 신속히 흐르다보면 우리의 상황도 변한다. 욥의 이야기에서 얼마나 세월이 흐른 것인지 우리는 모르지만 한 가지만은 분명히 안다. 어느 날 하나님이 전면에 등장하셨고 욥의 나중 형편이 처음보다 좋아졌다는 것이다.

둘째, 우리 삶은 베틀의 북 같아서 무늬와 목표가 있다. 하나님은 북을 주관하시며 우리 삶에 무늬를 지으신다. 삶이 얼마나 고단하든 우리는 여기서 힘을 얻을 수 있다. 하나님이 보좌에 계시는 한 희망이 있다!

베틀의 뒷면을 본 적이 있는가? 정말 아름다움과는 거리가 멀다. 작업이 끝나면 옷 짜는 사람은 베틀에서 직물을 빼어 실밥을 잘라내고 마무리 손질을 해서 담요나 스웨터 같은 것을 완성한다.

당신과 나는 아직 베틀 위에 있다. 하나님은 우리를 아직 다 완성하신 것이 아니다. 우리 눈으로 과정을 지켜보면 직물 사이를 정신없이 오가는 북과 뭔가 어렴풋한 무늬만 보일 뿐이다. 그러나 완성품은 옷 짜는 분께만 보인다. 미완성 제품을 보고서 절대 옷 짜는 분을 판단하지 말라. 하나님이 고르신 색깔이나 무늬가 당신 마음에 들지 않는다고 해서 그분께 노하지 말라. 당신과 나는 전체 그림을 보지 못한다. 하나님만이 전체를 보신다. 무늬가 당신 취향과 다르다 해서 삶에 염증을 내지도 말라. 옷 짜는 분은 무엇이 최선인지 이미 다 알고 계신다. 어떤 사람들은 무늬를 더 좋게 고쳐보려 하지만 결국 더 흉해질 뿐이다.

또한 다른 사람의 삶을 판단하거나 그 사람을 포기하려 하지 말라. 당신은 말 안 듣는 자녀 때문에 실의에 빠진 부모일 수도 있고, 하나님을 거역하는 사람들 때문에 눈물 흘리는 목사나 선교사일 수도 있다. 옷 짜는 분께 상황을 맡기라. 오늘 우리에게 실패작처럼 보이는 것이 그리스도의 손 안에서 수려한 직물이 될 수 있다. 그분은 엉킨 실타래와 매듭을 푸실 수 있고, 우리 삶으로 그분 이름에 영광이 될 완제품을 짜실 수 있다. 그저 계속 기도하고 계속 믿으라. 나머지는 옷 짜는 분이 알아서 하신다.

맞다, 삶은 베틀의 북보다 빠르다. 그러나 두렵지 않다. 옷 짜는 분이 모든 것을 주관하시며, 우리 삶을 그분의 완전한 계획에 따라 짜고 계신다. 때로 우리는 직물의 뒷면만 보고서 낙심한다. 그러나 하나님은 양면을 다 보신다.

그분은 모든 것을 합력하여 우리의 선과 당신의 영광을 이루신다. 마침내 시간이 끝나고 북이 쉼을 얻는 날, 옷 짜는 분이 베틀에서 직물을 빼시는 날, 당신과 나는 왜 그분이 하필 이런 무늬로 짜셨는지 알게 될 것이다. 그것을 아는 날 우리는 엎드려 그분의 지혜와 선하심을 찬양할 것이다.

도움, 소망, 행복

    어느 날 내 옛날 성경책을 뒤적이던 중 여백에 적어둔 1957년 8월 13일자의 메모가 눈에 띄었다. 당시 나는 덴마크에서 전도 사역에 동참하고 있었는데 상황이 정말 어려웠다. 내가 표시해둔 구절은 시편 146편 5절이었다. "야곱의 하나님으로 자기 도움을 삼으며 여호와 자기 하나님에게 그 소망을 두는 자는 복이 있도다." 그날 이 구절은 분명 내게 큰 힘이 되었을 것이다. 그리스도인에게 필요한 모든 것 – 도움, 소망, 행복 – 을 약속하고 있기 때문이다. 이 구절은 마치 시리얼 상자 뒷면에 나오는 일일 최소 영양분 도표와 같다. 여기 영적 건강을 위한 일일 최소 영양분이 있다. 도움, 소망, 행복이다.

    "야곱의 하나님으로 자기 도움을 삼[는]… 자는 복이 있도다." 당신과 내가 아무리 유능하고 수완이 좋다 해도 외부의 도움이 필요할 때가 있다. 나는 기계치라서 차가 고장 날 때마다 정비공의 도움에 의존해야 한다. 또 나름대로 건강을 챙기려 하지만 의사의 전문적 도움이 필요할 때가 있다. 당신과 나는 전화 회선을 관리하는 사람, 버스와 전철을 운행하는 사람, 신문을 찍어내는 사람 등 하루 종일 다른 사람들의 도움에 힘입어 살아간다.

그러나 모든 도움보다 훨씬 큰 도움을 베푸시는 분이 있다. 야곱의 하나님이시다. 하나님은 아무도 못하는 일을 우리에게 해주실 수 있다. 시편 46편 1절에 보면 하나님은 '환난 중에 만날 큰 도움' 이시다. 시편기자는 "나의 도움이 천지를 지으신 여호와에게서 [온다]"(시 121:1)고 고백했다. 당신과 나는 사람들을 믿지만 사람들은 우리를 실망시킨다. 우리도 때로 다른 사람들을 실망시킨다. 그러나 주님을 믿으면 그분은 절대 우리를 실망시키지 않고 도움을 베푸신다.

여기 하나님은 '야곱의 하나님' 으로 나온다. 야곱은 늘 도움이 필요한 사람이었기에 그는 내게 큰 격려가 된다. 형과 아버지를 속이고 집을 떠난 야곱은 낯선 이방에서 혼자였다. 그러나 하나님은 그를 지키시고 인도하시며 모든 필요를 채워주셨다. 다른 사람들이 야곱을 해치려 하면 하나님이 개입하여 바람막이가 되어주셨다. 하나님은 야곱을 향한 뜻을 이루어 그를 이스라엘 지파의 아비로 삼으셨다. 때로 불순종하기도 했지만 하나님은 변함없이 그를 도우시고 끝까지 지키셨다.

그러므로 오늘의 우리를 위한 격려의 말씀이 여기 있다. 야곱의 하나님이 우리의 도움이시다. 히브리서 13장 6절은 "주는 나를 돕는 자시니 내가 무서워 아니하겠노라 사람이 내게 어찌하리요"라고 했다. 당신의 짐을 주님께 맡기라. 그분만이 주실 수 있는 도움을 믿음으로 받으라. "하나님은 우리의 피난처시요 힘이시니 환난 중에 만날 큰 도움이시라."

지금까지 하나님이 베푸시는 도움을 살펴보았으니 이번에는 소망을 생각해보자. 서글프게도 소망 없는 사람들이 허다하다. 그들은 삶의 이유도 없고 바라는 것도 없다. 종종 나는 모든 것을 다 끝내려는 사람들의 다급한 전화를 받곤 한다. 감당 못할 삶 앞에서 살기보다 차라리 죽고 싶은 심정인 것이다.

예수 그리스도를 알면 당신에게 언제나 소망이 있다. 바울은 예수 그리스도가 우리의 소망이라고 말한다! 그리스도인의 소망이란 신기루나 맹목적 낙관론이 아니다. 그리스도 안에 있는 우리의 소망은 확실한 실체다. 히브리서 6장 19절은 그리스도 안에 있는 우리의 소망을 닻이라 표현했다. 이 닻은 절대 풀리거나 끊어지지 않는다. 미래가 그리스도 안에서 안전함을 알기에 그리스도인은 "소망 중에 즐거워한다."

그리스도 안에 있는 우리의 소망은 하나님 말씀인 성경에 기초한다. 그분의 약속을 믿기에 우리는 그분의 소망을 누린다. 하루가 아무리 어두워보여도 여전히 그분 말씀의 빛이 우리에게 힘을 준다. 페르디난드 마젤란(Ferdinand Magellan)은 세계 일주를 떠날 때 35개의 나침반을 가지고 갔다. 나침반 없는 배는 실패할 수밖에 없다. 소망 없는 인생도 그렇다. 하나님 말씀은 우리를 격려하는 빛이요 우리를 인도하는 나침반이다.

물론 그리스도를 자신의 구주로 믿은 적이 없다면 당신은 소망이 없다. 그리스도께 자신을 드려야만 당신 마음속에 소망이 찾아온다. 미래로 동행하실 구주가 계시기에 그리스도인은 절대 소망을 잃을 필요가 없다. 사망의 음침한 골짜기를 지날 때라도 예수님이 곁에 계시니 당신은 두렵지 않다. 그분을 알 때 당신에게 도움이 있고 소망이 있다. 그걸로 현재와 미래가 다 해결된다. 그러니 그리스도인은 행복할 수밖에 없다. "야곱의 하나님으로 자기 도움을 삼으며 여호와 자기 하나님에게 그 소망을 두는 자는 [행]복이 있도다." 행복이란 무엇인가? 요즘은 행복에 대한 똑똑하고 얄팍한 정의가 많이 있다. 그러나 성숙한 사람에게 있어 행복은 그런 유치한 정의보다 훨씬 깊은 의미가 있다. 행복이란 하나님 도움에 의지하여 그분 뜻 가운데 살아갈 때 찾아오는 신기한 충일감(充溢感)이다. 내 도움에 의지하면 결국 실패하며, 내 뜻대로 살면 절대 참행복을 누릴 수 없다.

행복은 부산물이다. 행복을 쫓아다니면 절대 얻지 못한다. 그러나 그리스도를 믿기로 결단하고 그분께 순종하면 절로 찾아온다. 행복이란 돈으로 사거나 쌓아둘 수 있는 것이 아니다. 예수님은 "사람의 생명이 그 소유의 넉넉한 데 있지 아니하니라"(눅 12:15)고 말씀하셨다. 사실 내가 아는 가장 불행한 사람들 중에는 자신이 쌓아둔 부를 의지하는 이들이 있다. 그러나 행복은 절대 물질에 있지 않다.

행복은 스릴에 있지도 않다. 스릴은 결코 오래가지 않기 때문이다. 나는 행복한 추억들을 인해 하나님께 감사하며 그런 추억을 소중히 여긴다. 그러나 하나님은 우리가 백미러를 보며 살아가기를 원하지 않으신다.

지금 당신에게 필요한 것은 무엇인가? 도움이 필요한가? "야곱의 하나님으로 자기 도움을 삼[는]… 자는 복이 있도다"라고 시편 146편 5절은 말하고 있다. 소망이 필요한가? "야곱의 하나님으로 자기 도움을 삼으며 여호와 자기 하나님에게 그 소망을 두는 자는 복이 있도다." 당신에게 하나님의 도움과 소망이 있다면 그분의 행복도 누리게 되어 있다. 그리스도를 믿는 당신에게는 오늘의 도움과 내일의 소망이 있다. 그리고 하나님 은혜의 복된 부산물로 행복이 당신 심령에 찾아올 것이다.

영원히 우리를 격려하시는 분

하늘이 무너지는 듯한 심정을 맛본 사람들이 있다면 단연 다락방의 제자들이다. 예수님은 그들 중 하나가 적에게 그분을 팔 것이며 베드로는 그분을 부인할 것이라고 예언하셨다. 자신이 그들을 떠나 하늘 아버지께로 돌아갈 것도 말씀하셨다. 제자들에게 격려나 소망이 있었을까? 물론이다. 예수님은 그들에게 "내가 아버지께 구하겠으니 그가 또 다른 보혜사를 너희에게 주사 영원토록 너희와 함께 있게 하시리니"(요 14:16)라고 약속하셨다. 물론 이는 모든 신자의 마음속에 거하시는 성령 하나님을 두고 하신 말씀이다.

보혜사 즉 위로자란 대개 '공감하는 사람, 내 상처를 나와 함께 느끼는 사람' 이란 뜻으로 쓰인다. 그러나 이 단어에는 그보다 훨씬 깊은 뜻이 들어 있다.

나는 당신에게 공감하면서도 별 도움을 주지 못할 수도 있다. 신약성경에 '보혜사' 나 '위로자' 로 번역된 이 단어는 본래 '누구 곁으로 부른다' 는 뜻이다. '격려하는 자' 가 가장 좋은 번역일 것이다. 성령은 우리를 격려하시는 분이다. 그분은 언제나 우리와 함께 계시며 우리가 그리스도를 위해 살도록 도우신다.

영어 단어 위로(comfort)는 라틴어로 '함께(com)' 와 '힘(fort)' 이라는 두 단어가 합해진 것이다. 그러므로 위로자는 우리 어깨를 두드리며 '힘내라!' 고 말만 하는 사람이 아니라 우리 삶을 지탱하는 데 필요한 힘과 도움을 주는 사람이다.

예수님은 제자들에게 아버지께서 '또 다른 보혜사' 를 보낼 것이라고 말씀하셨다. '또 다른' 이란 말은 '같은 종류의 또 하나' 를 뜻한다. 성령 하나님은 성자 하나님의 자리를 이어받으신다. 그분은 성자와 동등하신 분이며 따라서 예수님이 제자들을 격려하셨듯이 우리를 격려하실 수 있다. 이런 말을 하는 그리스도인들이 있다. "예수님이 제자들과 함께 계셨던 것처럼 바로 여기 내 곁에 함께 계신다면 나도 더 나은 그리스도인이 될 텐데!" 초라한 변명이다. 제자들은 예수님이 함께 계셨을 때에도 그분을 자주 실망시키곤 했다. 또한 예수 그리스도는 지상에서 제자들과 함께 계셨을 때보다 훨씬 깊은 방식으로 우리와 함께 계신다. 성령이 우리 안에 거하신다. 제자들에게 예수님이 계셨다면 우리에게는 성령이 계신다.

예수님이 제자들에게 해주신 일은 무엇인가? 그분은 그들에게 말씀을 가르치셨다. 성령은 우리에게 성경의 진리를 가르치시는 교사다. 예수님은 제자들에게 하나님 뜻을 지도하셨다. 성령은 우리를 하나님 뜻 가운데로 인도하신다. 주님은 간혹 제자들의 죄를 지적하고 다루셨다. 내주하시는 성령도 우리의 불순종을 지적하신다. 주님은 제자들에게 봉사에 필요한 능력을 주셨다. 성령은 우리에게 주님의 일꾼과 증인이 되는 데 필요한 능력을 주신다. 성령 하나님 없이 기쁨이 넘치며 성공적인 그리스도인의 삶을 살기란 불가능하다.

요즘 낙심한 그리스도인들을 많이 만난다. 어떤 이들은 환경이나 이런저런 문제로 낙심하고 또 어떤 이들은 실망 때문에 낙심한다. 사람들한테 실망했을 수도 있고 자신이 하나님을 실망시킨 것처럼 느껴질 수도 있다. 이런저런 고통이나 악조건을 안고 살아야 하는 많은 사람들에게 이는 언제나 낙심의 사유가 될 수 있다. 그리스도인 봉사자들은 자기 일이 헛수고 같고 하나님께 별로 내놓을 게 없는 것 같아 낙심한다. 지금은 과연 낙심한 사람들이 많은 시대다.

그러나 성령은 우리를 격려하시는 분이다. 물론 그분은 우리의 범죄를 막으시지만 우리의 봉사나 신앙 생활을 막으시는 일은 절대 없다. 아버지는 우리를 격려하는 분으로 성령을 보내셨다. 따라서 만일 당신이 낙심해 있다면 성령 하나님을 의지하지 않기 때문일 것이다.

성령은 우리 그리스도인들을 어떻게 격려하실까? 우선 그분은 우리에게 성경의 진리를 가르치신다. 나는 지치고 낙심될 때마다 성경을 펴고 성령의 조명을 구한다. 그러면 그분은 늘 깨우쳐주신다. 그분은 내게 말씀의 약속을 보이고 하나님을 계시하신다. 크신 하나님을 보면 내 문제와 짐은 아주 작아진다. 그리스도인의 삶에서 가장 큰 기쁨 가운데 하나는 하나님 말씀을 공부하며 성령의 계시로 그리스도를 알아가는 것이다. 성령의 도움 없이 성경을 읽으면 어떤 격려도 받을 수 없다. 그러나 우리 눈을 열어 하나님의 진리를 깨닫게 해달라고 성령 하나님께 구하면 위로자 성령이 당신을 가르치고 격려하신다.

성령이 우리를 격려하시는 또 다른 방식이 있다. 그분은 우리를 위해 기도하시며, 우리가 하나님 뜻대로 기도하도록 도우신다. 로마서 8장 26-27절에 보면 성령은 우리를 위해 간구하시며 하나님 뜻대로 기도하신다. 그 기도 소리는 우리에게 들리지 않지만 바울은 그분이 '말할 수 없는 탄식으로' 우리를 위해 기도하신다고 말했다. 나를 위해 기도해주는 친구들이 있지만 그들은 나를 위해 쉬지 않고 기도할 수는 없다. 그러나 내 안에 사시는 성령은 나를 위해 쉬지 않고 기도하신다. 그것이 내게 격려가 된다.

셋째, 성령은 우리 신앙 생활에 필요한 능력을 주신다. "너희 안에서 행하시는 이는 하나님이시니 자기의 기쁘신 뜻을 위하여 너희로 소원을 두고 행하게 하시나니"(빌 2:13). 우리에게 필요한 영적 능력이 무엇이든 성령께서 주신다. 어려운 상황을 견딜 인내가 필요한가? 성령님이 주실 것이다. 위험한 도전에 맞설 용기가 필요한가? 성령 하나님이 용기를 주실 수 있다. 말씀을 읽고 성령께 복종하면 당신이 아무리 약하고 부족할지라도 그분이 당신에게 하나님 뜻을 이룰 힘을 주신다.

끝으로 성령은 두려움을 몰아내신다. "하나님이 우리에게 주신 것은 두려워하는 마음이 아니요 오직 능력과 사랑과 근신하는 마음이니"(딤후 1:7). 성령의 능력으로 초대 교회는 악하고 적대적인 세상에 두려움 없이 맞섰다. 성령이 당신 안에 충만하여 당신을 지배하면 내면의 평안과 자신감이 두려움을 몰아낸다. 두려움은 항상 믿음을 무너뜨린다. 두려움은 항상 힘을 앗아간다. 그러나 격려하시는 성령 하나님이 계시면 두려워할 필요가 없다.

오늘 세상에 성령이 계시는 주된 이유는 성자 하나님의 영광을 나타내기 위해서다. 예수님은 성령을 가리켜 이르시기를 '그가 내 영광을 나타내리'(요 16:14)라고 하셨다. 성령은 인간이나 교회나 기관의 영광을 나타내러 오신 것이 아니라 예수 그리스도의 영광을 나타내러 오셨다. 당신과 내가 하나님의 영광을 위해 산다면 성령 하나님은 우리를 격려하시며 그리스도를 섬길 능력을 주신다. 그러나 만일 우리가 자신의 영광을 구한다면 그것은 성령을 근심하게 하는 일이다. 성령을 통제하고 이래라저래라 지시하려는 자세는 위험하다. 성령 하나님이 하실 일을 우리는 전혀 두려워할 필요가 없다. 그분은 우리를 사랑하시며 우리 삶에 최선의 것을 주시기 때문이다. 성령은 언제나 하나님 말씀에 순종하신다. 그분은 절대 당신을 하나님 뜻 밖으로 인도하지 않으신다.

지금 당신이 낙심하여 금방이라도 포기하고 싶은 상태라면 잠시 시간을 내어 성령과의 관계를 점검해보라. 그분께 당신 자신을 온전히 드렸는가? 고백하지 않은 죄로 성령을 근심하게 하고 있지는 않는가? 고의적 불순종으로 성령을 소멸하고 있지는 않는가? 성경과 기도를 소홀히 여긴 것은 아닌가? 이는 영적 침체와 낙심의 흔한 원인들이다. 이런 잘못이 보인다면 바로잡아야 한다.

그러나 당신이 주님께 순종하며 그리스도의 영광을 구하고 있는데도 여전히 낙심의 구름 아래 있다면 그때는 어찌할 것인가? 성령께 맡기고, 때가 되면 그분이 문제를 해결해주실 것을 믿으라. 하나님 말씀을 섭취하라. 자신의 감정에 굴하거나 어려운 주변 상황으로 하나님의 약속을 판단하지 말라. 지금도 성령 하나님은 당신 가까이에서 조언해주고 계신다. 당신 안에 사시며, 삶의 결정에 필요한 힘과 지혜를 주신다. 그분을 의지하라. 그분의 도움을 기다리라. 그분이 절대 당신을 저버리지 않으실 분임을 명심하라. 때가 되면 위로자 성령이 당신의 필요를 돌보시고 마음에 새 힘을 주실 것이다.

작은 일에서 얻는 큰 교훈

당신과 나는 큰 것에 너무 혹한다. 작고 조용한 것은 중요하지 않지만 크고 요란한 것은 당연히 중요하다는 사고 방식이 있는 것이다. 하나님이 삶을 측정하시는 방식은 우리와 다르다. 그분은 큰 것에 혹하지 않으신다. 사실 성경에 보면 작은 것들이 큰 교훈을 가르쳐줄 때가 있다.

선지자 스가랴는 어느 날 흥미로운 질문을 던졌다. "작은 일의 날이라고 멸시하는 자가 누구냐"(슥 4:10). 그는 지금 고생스레 성전을 재건하는 동포들을 격려하고 있다. 예산은 적고 사기는 땅에 떨어져 도무지 일이 끝날 것 같지 않았다. 백성들은 전체 사업이 너무 작아보여 낙심했다. 본래의 성전에 턱없이 못 미쳤던 것이다.

작은 일이라고 멸시해서는 안 된다! 우리도 세상에 나올 때는 전적으로 남에게 의존해야 하는 아기였다. 하나님이 자기 백성을 애굽에서 구하려 하셨을 때 그분이 보내신 것은 군대가 아니라 어느 유대인 가정에 한 아기였다. 후일 모세는 백성을 노예살이에서 건져냈다. 나라가 영적, 정치적 침체에 빠지자 하나님은 사무엘이라는 아이를 보내셨다. 후일 사무엘은 나라의 위상을 다시 회복했다. 인류를 죄에서 구원하려 하셨을 때 하나님은 또 다른 아기를 보내셨다. 예수 그리스도는 아기로 오셔서 후일 우리를 위해 십자가에서 죽으셨다.

하나님은 작은 것을 사용하여 큰 뜻을 이루신다. 그분은 모세의 지팡이를 사용하여 애굽 군대를 멸하셨고, 다윗의 물맷돌을 사용하여 거인 골리앗을 무찌르셨다. 기드온과 300용사는 항아리와 횃불을 사용하여 미디안 대군을 도륙했다. 라합은 창문에 붉은 줄 하나를 매어 일가족을 살렸다. 예수님은 한 소년이 가져온 얼마 안 되는 보리떡과 물고기로 수천 명을 먹이셨다. 작은 것이라고 멸시하지 말라. 하나님은 그것을 사용하여 큰일을 이루실 수 있다.

하나님의 커다란 계획에 당신이 보잘것없는 존재로 보일 수 있지만 아니다. 당신은 하나님께 엄청나게 중요하다. 예수가 당신을 위해 죽으시고 성령이 당신 안에 사실 정도로 당신은 중요하다. 당신 눈에는 자신이 작아 보일 수 있다. 좋은 현상이다. 하나님은 교만한 자를 대적하시고 겸손한 자들에게 은혜를 주시기 때문이다. 그러나 하나님을 위해 당신이 할 수 있는 일이 아무것도 없다고 믿는다면, 겸손이 도를 넘어 죄가 된다. 하나님은 이땅에 그분 뜻을 이루는 데 일조하도록 당신을 쓰실 수 있다.

하나님은 작은 것을 쓰실 뿐 아니라 우리와 남들 눈에는 시시해보이는 작은 행위도 사용하신다. 선을 행하고서 "별 것도 아닌데 이런다고 누가 알아주나" 생각한 적이 얼마나 많은가. 잘못된 생각이다! 하나님 눈에 띄지 않는 희생이나 자비의 행위란 없다. 그분은 그리스도인의 작은 사랑의 행위를 사용해 큰

일을 이루실 수 있다.

일례로 베다니의 마리아가 예수께 해드린 일을 생각해보라. 십자가의 죽음을 앞두고 예수님은 제자들과 함께 마리아, 마르다, 나사로 남매의 집에서 저녁을 들고 계셨다. 마리아는 값비싼 향유 병을 가지고 방에 들어와 사랑과 예배의 행위로 그분 발에 부었다. 집 밖에 있는 사람들은 아무도 그녀가 한 일을 몰랐다. 사실 집 안에 있던 일부 사람들은 그녀의 행위를 비난했다. 그러나 예수님은 그녀를 두둔하며 놀라운 말씀을 남기셨다. "온 천하에 어디서든지 복음이 전파되는 곳에는 이 여자의 행한 일도 말하여 저를 기념하리라"(막 14:9). 예배 행위 하나가 온 세계에 영향을 미친 것이다!

무엇이든 그리스도를 사랑하여 하는 일은 영원한 위력과 영향을 끼친다. 과부는 미국 돈 1페니보다도 적은 두 렙돈을 성전에 가져왔지만 예수님은 모든 부자들을 합한 것보다 그녀가 더 많이 드렸다고 말씀하셨다. 그녀의 예배 행위는 그때부터 지금까지 온 세상 사람들에게 복을 끼쳤다. 진실한 예배나 봉사 행위를 하나님은 아무리 작은 것이라도 간과하지 않으신다. 인간은 작은 일을 무시할지 모르지만 하나님은 오히려 격려하신다. 사람의 신실함은 작은 일에서 진면목이 드러난다. 남의 눈에 띄는 거창한 행사에는 많은 사람들이 기꺼이 참여한다. 그러나 아무도 봐주지 않는 작은 곳에서 하나님을 섬기고 예배하려는 사람은 얼마나 될까?

작은 일을 믿고 맡길 수 없는 그리스도인에게는 큰일도 맡길 수 없다! 예수님은 우리가 가장 작은 일에 충성하면 가장 큰일에도 충성할 것이라 말씀하신다. 그분께는 가장 작은 일이 곧 가장 큰일이다. 작은 일이 큰일로 이어지기 때문이다. 이 모든 것의 의미는 분명하다. 작은 일을 한다고 무시하지 않으려면 당신도 나도 자신의 가치관과 우선순위를 점검해볼 필요가 있다.

"작은 일의 날이라고 멸시하는 자가 누구냐"라는 하나님의 물음에는 지금

작다고 항상 작은 것은 아니라는 뜻이 들어 있다. 교회는 다락방에서 기도하던 120명의 신도로 시작되었지만 몇 주도 못 되어 5,000명 이상으로 불어났다. 제자들이 자신들의 작은 무리를 멸시했다면 절대 큰 교회가 되지 못했을 것이다. 언젠가 어떤 남자가 내게 "교회는 얼마나 커야 합니까?" 하고 묻기에 나는 "마땅히 클 만큼 크면 됩니다"라고 대답했다. 하나님은 그분의 교회가 성장하기 원하신다. 사람들이 죄에서 구원받는 것을 그분은 정녕 보기 원하신다. 요한복음 15장에서 예수님은 '과실을… 과실을 많이… 과실을 많이'라고 연거푸 말씀하셨다. "너희가 과실을 많이 맺으면 내 아버지께서 영광을 받으실 것이요"(요 15:8).

작은 일에 충실하면 큰일의 복으로 이어진다. 아버지의 양 치는 일에 성실성을 인정받은 다윗을 하나님은 온 나라의 목자로 삼으셨다. 혼자 있을 때 하나님을 의지하여 사자와 곰을 죽인 다윗을 들어 그분은 만인 앞에서 거인을 죽이게 하셨다. 바울을 충실하게 돕던 디모데는 어느 날 바울의 후계자가 되었다. 작은 일에 충실하면 하나님이 그분 뜻에 따라 우리에게 더 큰일도 맡기신다.

단 여기 경고가 있다. 큰일이라고 반드시 다 하나님이 주신 것은 아니다. 내 방식대로 성공을 만들어냈지만 나중에 보면 하나님은 지진이나 강풍 속에 계시지 않을 수도 있다. 하나님의 심판으로 모두 물거품이 될 때까지는 바벨탑도 대성공이었다. 우리 중에도 현대의 바벨탑을 쌓고 있는 이들이 있을 수 있다. 그들에게는 심판이 코앞에 있다.

하나님은 작은 것을 사용하신다. 그러니 절대 인간의 평가에 영향받지 말라. 나는 전기를 즐겨 읽는데, 놀랍게도 대부분의 성공한 사람들이 처음 일을 시작할 때는 조롱과 거부를 당했다. 윌리엄 캐리(William Carey)가 선교회를 만들려 하자 목사들은 반대했다. 허드슨 테일러(Hudson Taylor)가 후원에 대한 보장도 없이 감히 홀로 중국으로 떠나자 사람들은 비웃었다. D. L. 무디(D. L. Moody)

가 영국에서 작은 모임을 시작했을 때 장차 그것이 하나님의 강력한 도구가 되어 두 세기를 흔들고 결국 온 세계에 영향을 미칠 것이라고는 아무도 상상하지 못했다. 인간은 작은 일을 멸시하는 버릇이 있다. 그러니 인간의 생각을 따르지 않도록 조심하라. 가치관의 기준을 하나님께 두라.

모든 일이 다 사람 보기에 위대하고 온 세상에 알려지는 것은 아니다. 그러나 그것은 중요하지 않다. 중요한 것은, 하나님 보시기에 큰일이 되도록 각자 맡은 일에 최선을 다하는 것이다. 미약한 유대인들이 성전을 재건하려 했을 때 그들의 일은 딱할 정도로 작아보였지만 그래도 엄연한 하나님의 일이었다. 훗날 하나님의 아들이 바로 그 성전 뜰에 서서 병자를 고치고 죄인들을 사하며 무리를 가르치셨다. 작은 일의 날이라고 절대 멸시하지 말라. 그 작은 것 속에서 하나님이 일하시고 복을 주신다. 그리고 작은 일은 보다 큰일을 위한 준비 과정이다.

하나님의 일이라면 어떤 일도 작지 않다. 믿음과 사랑으로 베푼다면 어떤 선물도 작지 않다. 그리스도의 영광을 위한 일이라면 어떤 봉사 행위도 작지 않다. 자신을 다른 사람들과 비교하지 말라. 평가와 측정은 하나님께 맡기라. 그분은 영원을 기준으로 평가하신다. 정말 중요한 것은 그것이다.

용서하라

　최근 나는 불안해하며 몸이 아프고 정서적으로 산만한 어떤 남자와 대화를 나누었다. 내가 보기에는 전문가를 만나야 할 것 같았지만 그가 나와의 대화를 원했으므로 잠자코 들었다. 이야기를 듣다보니 그가 왜 그렇게 비참한지 이해가 됐다. 그는 기억은 많은데 용서받은 기억은 별로 없었던 것이다. 그는 오만 사람한테 겪은 불쾌한 말이나 행동을 시시콜콜 다 기억하고 있었다. 가끔씩 그의 눈은 살의가 가득한 분노로 타올랐다. 나는 용서의 중요성을 새삼 실감했다. 세상 어디서나 용서는 최고의 영적 특효약이다.

　마크 트웨인(Mark Twain)은 코믹 단편으로 가장 유명하지만 본인만 원했다면 철학자가 되었어도 무방할 사람이다. 그가 한 말 중에 가장 멋진 말이 있다.

"용서는 제비꽃이 자기를 밟은 발꿈치에 남기는 향기다." 용서는 쉽지 않지만 꼭 필요하다. 용서하지 않으면 다치는 사람은 상대가 아니라 나 자신이다. 상대에게 원한과 앙심을 품고 용서하지 않으면 내 속사람에 독이 퍼져 정서적으로뿐 아니라 영적으로도 병에 걸린다. 그 병은 인간이 만든 약으로는 고칠 수 없다.

용서하지 않는 마음을 품고 다니며 괴로워하는 사람들을 나는 놀랄 정도로 수없이 만난다. 이들은 나를 찾아와 여러 문제를 호소한다. 그들은 불안해한다. 한 군데 정착하지 못하고 이 직장 저 직장, 이 아파트 저 아파트를 전전한다. 항상 남에게 상처를 받으며 친구를 잘 사귀지 못한다. 자기에게 잘못을 저지른 사람들을 용서한 적이 있느냐는 내 질문에 그들은 본심을 들키기라도 한 듯 충격받은 표정으로 쳐다본다. 모두 전형적인 증상이다. 다른 사람들뿐만 아니라 당신과 내게도 그런 증상이 있을 수 있다.

용서하지 않는 마음은 내가 다른 사람들보다 낫다는 생각과 일맥 상통한다. 남들은 실수할 수 있지만 나는 절대 실수할 수 없다. 용서하지 않는 마음은 과민하다. 남들의 말과 행동을 모두 나와 연결시켜 해석한다. 상대의 동기를 의심하며, 누군가 나를 해칠 거라고 생각한다. 용서하지 않는 사람은 자기 속으로 파고들어, 삶의 참여자가 아닌 방관자가 된다. 내가 남들보다 낫고 남들이 나를 해치려 하는데, 내 쪽에서 친하게 대할 이유가 없지 않은가. 용서하지 않는 사람들은 그래서 대개 외롭고 비판적이며 불안하다.

그러나 용서 없는 마음의 가장 서글픈 결과는 내면에 적의가 쌓인다는 것이다. 원한과 앙심을 품고 사는 사람들은 대부분 적의에 차 있다. 사람들 사이에 간혹 있기 마련인 작은 문제들조차 그들은 웃어넘길 줄 모른다. 오히려 작은 일을 심각하게 받아들여 큰 문제로 비화시킨다. 버스에서 누가 밀기라도 하면 그들은 그것을 사사로운 감정으로 받아들여 전쟁을 선포한다. 아무도 문제를 일으키지 않으면 그들은 대개 상상으로라도 싸움거리가 될 만한 문제를 만들어낸다.

용서하려면 먼저 용서받아야 한다. 마음속에 하나님의 용서를 체험하고 예수님이 당신을 위해 죽으신 것을 깨달으면 당신도 비로소 다른 사람들을 용서하고 내면에서 앙심의 독을 제거할 수 있다. 그러나 내게 용서가 필요함을 인정하기 전에는 용서받을 수 없다. 여기가 힘든 대목이다. 자신이 하나님의 너그러운 용서가 필요한 죄인임을 선뜻 인정하는 사람은 극히 드물다. 그래서 어떤 사람들은 항상 남을 비난한다. 다른 사람을 악인으로 만들면 자신이 착해 보일 수 있다고 생각하는 것이다. 일단 자기가 그렇게 착하다고 믿으면 용서의 필요성은 보이지 않는다.

내가 상담했던 어느 부인은 남을 흠잡는 데는 선수였지만 자기 삶의 필요는 전혀 느끼지 못했다. 나는 인내심을 가지고 대화에 임했다. 대화가 길어질수록 분명해지는 사실이 있었다. 그녀가 다른 사람들을 판단한 것은 정작 자신을 가리기 위한 가면이었던 것이다. 마침내 나는 그녀의 삶에서 고통스런 큰 낭패가 하나도 없느냐고 물었다. 그러자 그녀는 울음을 터뜨리며 시인했다. 하나님의 치유의 손길에 내려놓지 않은 해묵은 상처가 하나 있었는데 그것이 긴 세월 곪아서 그녀의 내면에 독이 되었던 것이다. 일단 자신에게 인정하고 하나님께 고백하자 상처는 치유되었다. 그리고 일단 자신이 용서를 받고나자 그녀도 다른 사람들을 용서할 수 있게 되었다.

바로 그런 뜻으로 바울은 "서로 인자하게 하며 불쌍히 여기며 서로 용서하기를 하나님이 그리스도 안에서 너희를 용서하심과 같이 하라"(엡 4:32)고 썼다. 십자가에서 예수님은 "아버지여 저희를 사하여 주옵소서 자기의 하는 것을 알지 못함이니이다"(눅 23:34)라고 기도하셨다. 그분이 피 흘리셨기에 당신과 나는 하나님의 너그러운 용서를 받아 누릴 수 있다. 우리 힘으로는 무슨 수로도 그분의 용서를 얻어낼 수 없다. 그것은 선물이다. 믿음으로 그리스도께 나아가 잘못을 고백하고 용서를 구하면 그분은 무조건 당신에게 용서를 베푸신다. 그분이 우리에게 이 모든 것을 해주시는데 우리도 다른 사람들을 용서할 수 있어야 하지 않겠는가.

하나님께 용서받았지만 마음속으로 그것을 정말 누리지 못할 수도 있다. 하나님이 나를 구원하신 것을 알아도 그것이 정말 내면 깊이 새겨지지 않는 것이다. 이는 마치 물건을 사놓고 내 것으로 쓰지 않는 것과 같다. 머릿속에 있는 교리가 아직 가슴으로 내려오지 않는다. 내가 천국에 간다는 것은 알지만 왠지 아직 천국이 내게로 내려와 다른 사람들을 향한 용서의 마음을 주지는 못한다. 이럴 때는 어찌해야 하는가? 어떻게 하면 용서의 마음을 기르고, 앙심과 증오의 끔찍한 독을 피할 수 있을까? 자신이 정말로 얼마나 중한 죄인인지 알면 된다! 어떤 사람들처럼 중죄를 범하지 않았을지 모르지만 마음속으로는 죄를 범했을 수 있다. 생애 말년에 바울은 자신을 '죄인 중의 괴수'라 칭했다. 빛에 가까이 갈수록 우리 마음과 손은 더 더러워진다. 그러므로 용서의 마음을 기르기 위해 내가 첫째로 권하고 싶은 것은 날마다 말씀과 기도로 주님과 교제하라는 것이다. 그분을 더 잘 알아가라. 그러다보면 죄가 정말 무엇인지 깨닫게 되고, 자신에게 아직도 도움이 필요한 부분들이 있음을 알게 된다.

또한 날마다 주님과 교제하다보면 그분이 얼마나 사랑과 은혜가 많으신 분이며 나를 용서하기 위해 치르신 대가가 얼마나 큰지 알게 된다. 예수께서 성찬식을 제정하신 이유는 그분이 우리를 위해 죽으셨음을 일깨우기 위함이다. 주의 만찬에 참예하고나서도 용서 없는 마음으로 떠나는 사람을 나는 상상할 수 없다. 십자가의 의미를 깨달으면 우리는 다른 사람들을 용서할 수밖에 없다.

셋째 권면은, 다른 사람들을 용서하는 데 필요한 사랑을 우리 안에 계신 성령께 받으라는 것이다. 성령의 열매는 사랑이다. 당신과 나는 용서를 만들어 낼 수 없다. 용서는 우리를 하나님께 드릴 때 그분이 우리 안에 행하시는 일이다. 당신의 용서하지 않는 마음을 하나님께 고백하라. 당신을 용서해달라고 그리고 당신 마음을 그분의 사랑으로 채워달라고 기도하라. 그러고나서 잘못한 사람들을 찾아가 하나님의 사랑과 용서를 나누라.

마지막 권면은 부정적이긴 하지만 내 생각에는 중요한 것이다. 용서하지 않는 마음의 대가가 얼마나 큰지 헤아리는 것이다. 해나 모어(Hannah More)는 이렇게 말했다. "그리스도인은 원한보다 용서의 비용이 훨씬 적게 든다는 사실을 알아야 한다. 용서하면 분노의 비용, 증오의 대가, 심령의 낭비가 절약된다." 정말 맞는 말이다! 원한과 앙심으로 내가 입는 피해를 속사람의 엑스레이를 통해 알 수 있다면 얼마나 좋을까! 용서하지 않는 마음은 아무리 많은 배상금으로도 보상될 수 없다. 피해를 입는 사람은 당신의 적이 아니라 당신이다.

시간이 걸릴 수 있지만 오늘부터 용서의 마음을 기르기 시작하라. 하나님께 당신 마음을 깨끗케 하시고 사랑으로 채워달라고 기도하라. 다음번 누가 당신에게 상처나 모욕을 주거든 마음으로 즉시 용서하라. 겉으로든 속으로든 되받아치려는 성향을 일체 물리치라. 하나님께 너그러운 태도를 달라고 기도하고, 상대를 사랑으로 대하라. 증오는 불행과 속박을 주지만 용서는 자유와 기쁨을 가져다줌을 알게 될 것이다. 날마다 성령께서 당신 안에서, 당신을 통하여 일하실 것이다. 당신은 물론 주변 사람들에게도 삶의 기류가 달라질 것이다. "서로 인자하게 하며 불쌍히 여기며 서로 용서하기를 하나님이 그리스도 안에서 너희를 용서하심과 같이 하라."

가능성을 보라

어느 날 예수님은 예루살렘의 베데스다라는 곳에 가셨다. 베데스다는 '은혜의 집'이라는 뜻이다. 그곳에는 환자들이 많았다. 가끔씩 물이 동할 때 누구든지 먼저 물속에 들어가면 병이 나았기 때문이다. 예수님은 거기서 38년 된 병자를 만나 "네가 낫고자 하느냐"라고 물으셨다. 그 사람은 "예, 낫고 싶나이다!" 하지 않고 "주여, 물이 동할 때에 나를 못에 넣어줄 사람이 없어 내가 가는 동안에 다른 사람이 먼저 내려가나이다"라고 대답했다. 그를 나무라기 전에 당신도 같은 실수를 범한 적이 없는지 자문해보라.

베데스다 못에 가서서 병 낫기를 기다리는 환자들 사이를 걸으신 예수님은 그들에게 사상 최고의 기회를 주신 것이다. 그분은 하나님이요 치료자였다.

환자들은 물속으로 달려가 병을 고치려 애쓸 필요가 없었다. 그리스도를 믿기만 하면 당장 병이 나을 수 있었다.

38년 된 병자는 못가에 있은 지 오래되었으므로 다른 사람들이 동하는 물속에 들어가 고침을 얻는 것을 보았다. 그래서 하루 이틀이 지나고 한 해 두 해가 흘러 그는 자기한테도 기회가 오기를 기다렸다. 그러나 그가 물 속에 들어가려 할 때마다 아무도 그를 도와주지 않았고 항상 누군가 먼저 들어갔다. 예수님은 그에게 "네가 낫고자 하느냐"고 물으셨다. 그는 "예, 낫고 싶나이다!"라고 말하지 않고 즉각 자신의 딱한 상황에 대해 불평을 늘어놓았다. 자기 상황을 변화시킬 수 있는 분이 옆에 서 계신 줄 꿈에도 몰랐던 것이다.

그것이 이 병자가 범한 첫째 실수다. 그는 **과거를 기준으로 현재를 판단했다.** 그의 말은 한 가지만 빼면 논리적이었다. 그림에서 하나님을 뺀 것이다. 하나님은 과거에 제한받지 않으신다. 우리의 과거에 실망과 실패가 얼마나 많았든 예수 그리스도가 등장하시면 모든 것이 달라진다.

이 사람의 태도는 십분 이해가 된다. 도울 만한 사람들이 돕지 않아 몇 년씩 밀려난다면 나라도 낙심될 것이다. 그래서 우리는 자신이 절대 나아질 수 없다는 결론에 도달한다. 그러나 이는 잘못된 태도다. 그 사람 바로 옆에 하나님의 아들 예수 그리스도가 계셨다. 그분은 그에게 "일어나 네 자리를 들고 걸어가라"고 하셨고 그러자 그는 믿음으로 순종하여 나음을 입었다!

변화가 불가능하다는 태도만큼 우리 삶을 마비시키는 것은 없다. 우리는 하나님이 사태를 변화시키실 수 있음을 상기할 필요가 있다! 하나님은 죄를 용서하실 수 있고, 철저히 실패한 듯한 삶에 새 힘을 불어넣으실 수 있다. 누구나 죽었다고 생각하는 교회에 부흥을 일으키실 수 있다. 어려운 상황에 들어가 외견상의 패배를 승리로 바꾸실 수 있다. 그분은 변화를 만드실 수 있다! 우리가 과거를 기준으로 현재를 판단하는 것은 하나님을 제한하는 것이다.

병자의 둘째 실수는 가능성을 보지 않고 문제를 본 것이다. "물이 동할 때에 나를 못에 넣어줄 사람이 없어 내가 가는 동안에 다른 사람이 먼저 내려가나이다." 그러나 예수님은 그에게 문제가 무엇인지 묻지 않으시고 소원이 무엇이냐고 물으셨다. "네가 낫고자 하느냐."

낙관론자와 비관론자가 여기서 갈리지 않을까. 낙관론자는 문제 속에서 가능성을 보지만 비관론자는 가능성 속에서 문제를 본다. 전자는 기회를 보고 후자는 장애물을 본다. 그러나 낙관론의 진정한 기초는 믿음이다. 상황 속에 하나님을 모셔놓고 보면 가장 큰 문제도 가장 큰 축복의 가능성으로 바뀐다. 사도 바울은 영적 낙관론자였다. 에베소에서 그는 고린도의 친구들에게 이렇게 썼다. "내가 오순절까지 에베소에 유하려 함은 내게 광대하고 공효를 이루는 문이 열리고 대적하는 자가 많음이니라"(고전 16:8-9). 당신과 나라면 이렇게 썼을 것이다. "여기 큰 문이 열렸으나 내가 이 성을 떠나려 함은 문제가 너무 많음이니라!"

좋든 싫든, 시각이 결과를 결정한다. 문제만 보면 실패하게 되어 있지만 문제 속에서 가능성을 보면 승리를 얻을 수 있다. 하나님은 더듬거리는 입술의 모세를 들어 성경 최고의 웅변가로 만드셨다. 엉뚱한 용기와 열정의 베드로를 들어 구령의 전도자로 바꾸셨다. 베데스다 못가의 병자를 들어 하나님의 영광을 증거할 하나님의 자녀로 삼으셨다. 아무리 우리가 낙심과 패배에 잠겨 있다 해도 하나님은 우리 가운데 누구라도 들어 그분 영광을 위한 놀라운 존재로 만드실 수 있다.

베데스다 못가에서 예수님을 만난 병자가 범한 또 한 가지 실수는 자기한테 있는 것을 보지 않고 없는 것을 본 것이다. 하나님은 언제나 우리에게 있는 것으로 시작하여 우리에게 필요한 것을 주신다. 그분은 모세의 지팡이와 다윗의 물맷돌과 베드로의 배를 들어 쓰셨다. 그분은 당신에게 있는 것을 들어 쓰셔서 당신 삶을 변화시키실 수 있다. 그 병자에게 있었던 것은 무엇인가? 물론 병든 몸이 있었다. 그러나 어떻게든 물 속에만 들어가면 나을 수 있다는 믿음도 있었다. 틀림없이 그의 믿음은 다른 사람이 낫는 것을 볼 때 더 강해지고 자기가 밀려날 때면 더 약해졌을 것이다. 어쨌거나 그에게는 믿음이 있었다.

하나님이 우리 삶에 기적을 행하실 때 요구하시는 것 한 가지는 바로 믿음이다. 성경의 위대한 영웅들이 영웅이 될 수 있었던 것은 재능이나 성격 때문이 아니라 믿음 때문이었다. 그리스도를 자신의 구주로 믿었다면 당신에게는 이미 믿음이 있다. 그 믿음이 당신에게 세상 최고의 기적인 구원을 가져다 주었다. 이제 당신에게 없는 것 때문에 불평하지 말고 있는 것-그리스도를 믿는 당신의 믿음-으로 시작하라. 그 믿음으로 하나님의 약속을 붙들라.

우리는 이 놀라운 믿음을 간과할 때가 너무 많다. 내 힘과 지혜로 상황을 바꿔보려 할수록 상황만 악화될 뿐이다. 자신과 문제를 주님께 넘겨드리고 그분이 일하실 것을 믿기만 한다면, 그분이 이루실 엄청난 변화가 보일 것이다. 언젠가 그분은 두 소경에게 "너희 믿음대로 되라"고 하시며 그들을 고쳐주셨다. 그분은 당신과 내게도 똑같이 말씀하신다.

베데스다 못가의 병자는 일어나 걸어가라는 명에 순종했다. 38년간 일어나 걷지 못했던 그였지만 주님의 명령이 떨어지자 믿음으로 움직였다. 믿음으로 순종하자 하나님의 능력이 그의 몸에 들어가 역사하여 그를 회복시켰다. 그는 "하지만 저는 일어나지 못합니다! 걷지 못합니다!" 항변할 수 있었다. 그러나 믿음은 절대 "나는 못한다"고 말하지 않는다. 믿음은 "하나님은 하실 수 있다", "하나님과 함께라면 불가능이 없다!"고 말한다.

상황이 변화되기를 바라는 사람들이 분명 많이 있을 것이다. 당신은 그간 문제에 너무 빠져 가능성을 보지 못했을 수도 있다. 과거에 갇혀 있어서 하나님이 그 과거마저 변화시키실 수 있음을 모를 수도 있다. 예수 그리스도는 지금 당신에게 오셔서 낫기를 원하느냐고 물으신다. 당신은 불평이나 핑계로 답하여 기적을 놓칠 수도 있고, 믿음으로 답하여 하나님의 능력을 체험할 수도 있다. 어쩌면 하나님은 베데스다 병자의 경우처럼 즉각 해답을 주시지는 않을지도 모른다. 그러나 그분은 당신 삶 속에 역사하기 시작하여 당신을 자유와 승리의 자리로 인도하실 것이다.

세 가지 보화

"소망의 하나님이 모든 기쁨과 평강을 믿음 안에서 너희에게 충만케 하사 성령의 능력으로 소망이 넘치게 하시기를 원하노라." 바울이 로마서 15장 13절에 기록한 이 말은 로마의 친구들을 위한 그의 기도였다. 내용 가운데 돋보이는 세 단어가 있다. 소망, 기쁨, 평강이다.

우리 하나님은 소망의 하나님이라고 바울은 말한다. 하나님은 우리가 절망이 아닌 소망으로 앞을 내다보기 원하신다. 구약의 선지자들은 심판의 예언을 외칠 때마다 심판의 먹구름 사이에 항상 소망의 은빛 햇살을 섞어 넣었다. 사실 성경 최고의 소망의 약속들 일부는 심판의 암울한 메시지 속에 등장한다.

당신과 나는 절대 미래를 두려워할 필요가 없다. 하나님이 미래를 아시고 주관하신다. 그분은 시작부터 끝까지 다 아신다. 그분은 알파와 오메가요 처음과 나중이다. 하나님은 절대 깜짝 놀라거나 허를 찔리는 일이 없으시다. 이 땅의 현실이 아무리 지리멸렬해보여도 하나님은 하늘 보좌에 앉아 차분히 역사를 운행하신다.

하나님은 우리의 소망이 넘치기를 원하신다. 이는 우리 마음이 그분의 소망으로 가득하다는 뜻이다. 우리 삶을 하나님이 자기 백성들을 위해 예비하신 놀라운 미래에 근거해 이끌어간다는 뜻이다. 소망이 넘친다는 것은 하나님의 약속을 믿는 것 훨씬 이상의 의미가 있다. 약속에 의해 동기부여를 받는다는 뜻이다. 영원에 비추어 오늘을 사는 것이며 우리 삶이 과거가 아닌 미래에 지배당하는 것이다. 과거-과거의 후회, 과거의 실패, 과거의 죄-에 지배당하는 삶은 얼마나 비참한가. 당신의 과거를 그리스도께 드리라. 그분이 과거를 씻어주신다. 지금부터 그분 안에 있는 당신의 복된 소망에 근거하여 살아가라.

자신의 힘으로 소망을 만들어내려 하지 말라. 필요한 소망을 당신 안에 계시는 성령께 받으면 된다. 우리는 '성령의 능력으로 소망이 넘치[는]' 사람들이다. 성령께 맡기라. 당신 마음과 생각의 통제권을 그분께 드리라. 시간을 내어 하나님 말씀을 읽으라. 그러면 성령이 당신 마음에 놀라운 소망을 채워주실 것이다. 물론 예수 그리스도가 당신의 구주라는 사실을 모른다면 당신은 소망이 없다. 그분께 자신을 드리라. 그러면 성령의 능력으로 소망의 선물이 당신 것이 된다.

하지만 소망은 하나님을 믿을 때 우리에게 주시는 보화 중 하나일 뿐이다. 그분은 우리에게 기쁨도 주신다. "소망의 하나님이 모든 기쁨과 평강을 믿음 안에서 너희에게 충만케 하사…." 그리스도인의 기쁨은 행복을 포함할 수 있지만 행복과는 다른 것이다. 행복은 대개 상황에 좌우된다. 일이 잘 풀리면 행복하고 상황이 바뀌면 불행하다. 기쁨은 그보다 훨씬 깊다. 기쁨은 성령만이 주실 수 있는 내면의 확신과 안정이다. 나는 가장 큰 고통을 당하는 중에 가장 깊은 기쁨을 경험했다. 기쁨은 외부 상황이 만들어내는 것이 아니라 내적 조건의 결과다.

기쁨에 찬 그리스도인은 두려움이나 불평 없이 삶을 맞이한다. 하루하루가 새로운 도전이다. 모든 문제는 성장과 하나님의 일하심을 볼 기회가 된다. 사실 기쁨은 하나님과 사람들을 섬기는 삶의 부산물이다. 기쁨을 찾으려 들면 절대 찾을 수 없다. 그러나 하나님께 굴복하여 그분 뜻을 행하면 마음에 기쁨이 찾아온다. 기쁨은 우리 삶에 다른 것으로는 얻을 수 없는 특별한 질을 더해준다. 우리 마음에 기쁨이 흘러넘치면 주변 친구들이 알아본다. 바로 이런 기쁨이 사람들을 우리 구주께 끌어들이는 것이다. 전도자 빌리 선데이(Billy Sunday)는 "당신의 신앙에 기쁨이 없다면 당신의 기독교는 어디선가 새는 것이다"고 말하곤 했다.

기쁨과 더불어 평안의 선물이 있다. "소망의 하나님이 모든 기쁨과 평강을 믿음 안에서 너희에게 충만케 하사…." 이는 예수께서 제자들에게 "평안을 너희에게 끼치노니 곧 나의 평안을 너희에게 주노라… 너희는 마음에 근심도 말고 두려워하지도 말라"(요 14:27)고 말씀하실 때 뜻하신 그 평안이다. 여기 무서운 십자가를 앞둔 예수님이 있다. 그런 그분이 제자들에게 평안을 주고 계신다!

성령께 자신을 드리면 그분이 이 세 선물로 당신 마음을 채우신다. 얼마나 가슴 벅찬 일인가! 마음에 소망과 기쁨과 평안이 충만하면 당신은 새로운 힘과 용기로 삶을 맞이할 수 있다. 그리스도가 당신을 지켜주실 것을 알기 때문이다.

미래는 하나님 손 안에 있기에 언제나 밝다. 그리스도인에게 있어 알짜배기는 아직 오지 않았다. 그리스도는 언제나 최상품 포도주를 가장 나중까지 남겨두신다. 구원받지 않은 사람의 경우는 최악의 상황이 아직 오지 않았다. 구원받지 못한 사람은 지금이 천국이다. 곧 죽음이 오고 그 후에는 심판이 있기 때문이다. 그러나 그리스도인은 미래를 두려워할 필요가 전혀 없다. 우리 마음은 소망의 하나님이 주시는 소망으로 충만하다.

또 그리스도인은 마음에 기쁨이 충만하기에 현재 일로 안달할 필요가 전혀 없다. 현 상황이 아무리 어렵거나 불편해도 우리 마음에는 예수 그리스도가 주시는 기쁨이 있다. 바울은 로마에서 재판을 기다리면서, 자신의 처형 가능성을 알고서 기쁨 충만한 서신인 빌립보서를 썼다. 예수님은 갈보리를 앞두고 기쁨을 말씀하셨다. "여호와를 기뻐하는 것이 너희의 힘이니라"(느 8:10). 짐이 아무리 무거워도 당신은 하루 단위로 살아갈 수 있다. 기쁨이 충만하기 때문이다.

끝으로 우리는 그분의 평안이 있기에 절대 과거를 염려할 필요가 없다. 이는 '모든 지각에 뛰어난 하나님의 평강' 이다. 하나님의 평강이 마음에 충만하면 우리는 더 이상 과거의 실패, 실수, 상처는 물론 과거의 죄에도 시달리지 않는다. 그리스도가 우리 구주가 되시면 과거는 그야말로 과거지사다. 하나님은 과거를 더 이상 기억하지 않으시며 우리에게 과거를 묻지도 않으신다. 우리는 십자가에서 죽으신 예수 그리스도로 말미암아 철저히 그리고 영원히 용서받은 존재다.

이렇듯 이 세 가지 신기한 선물이 우리의 과거와 현재와 미래를 책임진다. 뒤를 돌아보든 곁을 둘러보든 앞을 내다보든 우리는 두려워할 필요가 없다. 소망의 하나님이 모든 기쁨과 평강을 믿음 안에서 우리에게 충만케 하사 성령의 능력으로 소망이 넘치게 하시기 때문이다.

여기서 핵심 단어는 믿음이다. 우리가 믿으면 하나님이 충만케 하신다. 당신의 과거에 대한 염려, 현재의 딱한 처지, 미래에 대한 좌절을 하나님께 인정하라. 그런 것들은 죄다. 하나님께 고백하여 씻음받으라. 그러고나서 성령으로 충만케 해달라고 믿음으로 구하라. 무슨 소리가 들린다든지 섬광이 번득이지는 않겠지만 하나님의 세 가지 보화인 소망, 기쁨, 평안을 당신의 내면 깊이 누리게 될 것이다.

기쁨이 가미된 삶

전도자 D. L. 무디(D. L. Moody)는 그리스도인의 기쁨을 강조했다. 언젠가 그는 어느 집회에서 이렇게 말했다. "장례식보다 슬픈 종교 집회가 너무 많습니다. 이는 복음의 걸림돌입니다. 그런 집회는 얼굴 표정이 호반의 동풍처럼 냉랭한 사람들을 양산합니다." 무디 목사는 시카고에 살았다. 시카고에 사는 사람이라면 호반의 동풍이 무슨 뜻인지 안다! 그의 말이 맞다. 죄인들을 그리스도께 오지 못하게 막는 최대의 장애물은 많은 그리스도인들의 기쁨 없는 태도다.

심각한 것과 침통한 것은 다르다. 하나님은 우리가 심각하기 원하신다. 그러나 그분이 우리에게 침통한 태도, 시무룩한 얼굴, 비참한 표정을 명하신 대목은 성경 어디에도 없다. 주변의 기쁘고 행복한 모든 사람들에게 그것은 죽음이나 같다. 유머 감각이 없는 남녀는 절대 선교사로 파송하지 않는다는 말을 나는 언젠가 어느 선교회 간사에게 들은 적이 있다. 자신과 주변 세상을 웃어넘길 줄 알고 다른 사람들과 더불어 웃을 줄 아는 것은 성숙의 표지다. 셰익스피어 연극을 공연하는 어느 유명 여배우는 이런 말을 했다. "인간은 처음으로 자신을 웃어넘길 때 비로소 어른이 된다."

웃을 줄 모르는 사람들은 대개 모질고 까다로워 함께 살기 어렵다. 자신의 실수를 웃어넘길 줄 모르는 사람일수록 다른 사람들의 실수도 잘 용서하지 못한다. 남의 실수를 속에 꽁하고 품는 것이다. 그러다 종기처럼 곪아 터진다. 건전하고 건강한 웃음처럼 가정이나 교회 모임의 분위기를 청량하게 만들어주는 것은 없다. 나는 지금 실없는 코미디를 말하는 것이 아니다. 건전하고 건강하고 거룩한 유머를 말하는 것이다.

예수님은 우리가 기쁨을 누리기 원하신다. 그분도 기쁨을 누리셨다. 그분은 제자들에게 "내가 이것을 너희에게 이름은… 너희 기쁨을 충만하게 하려 함이니라"(요 15:11)고 말씀하셨다. 평소 예수님이 씩 웃거나 박장대소하는 모습을 제자들이 한 번도 보지 못했다면 그들은 그분이 말씀하시는 기쁨이 무엇인지 의아했을 것이다. 물론 그분은 슬픔의 사람이었지만 또한 기쁨의 사람이기도 했다. 기쁨을 누리는 유일한 길은 예수 그리스도의 기쁨을 받는 것이다. 재미는 가게에 가서 살 수 있지만 기쁨은 살 수 없다. 예수님은 십자가에서 당신을 위해 죽으심으로 당신에게 기쁨을 사주셨다.

성경 최고의 기쁨 장은 누가복음 15장일 것이다. 거기에 동전을 잃었다 찾고 기뻐하는 한 여자가 나온다. 잃었던 양을 찾고 기뻐하는 목자도 나온다. 잃었던 아들을 집으로 맞이하며 기뻐하는 아버지도 나온다. 셋 다 친구들과 이웃들을 불러 기뻐한다. 예수님은 죄인 하나가 집에 돌아와 용서받으면 천국의 천사들도 기뻐한다고 말씀하신다. 죄인 자신이 기뻐함은 물론이다! 기쁨의 첫 걸음은 그리스도를 자신의 구주로 받아들이는 것이다. 그렇게 하면 성령이 당신 삶 속에 들어오셔서 기쁨을 주신다. '오직 성령의 열매는 사랑과 희락과 화평'(갈 5:22)이기 때문이다.

그리스도인들은 기쁨의 사람들이다. 우리는 죄를 용서받았다. 하늘 아버지가 우리를 돌보신다. 이생이 끝나면 우리를 기다리는 집이 있다. 우리는 상황 때문에 항상 기뻐할 수는 없다. 그러나 상황이 아무리 불편해도 그 상황 가운데 기뻐할 수 있다. "주 안에서 항상 기뻐하라. 내가 다시 말하노니 기뻐하라"(빌 4:4).

기쁨은 모든 신자의 생득권이다. 내가 구원받고 용서받아 장차 천국에 갈 하나님의 자녀임을 아는 것, 그것이 끝없는 기쁨의 원천이다. 그러나 그 기쁨을 잃은 것처럼 보이는 그리스도인들이 있다. 그것이 가능할까? 가능하다면 어떻게 다시 기쁨을 되찾을 수 있을까?

기쁨을 잃어버리는 주된 원인 가운데 하나는 하나님께 대한 **죄와 불순종**이다. 다윗은 하나님께 죄를 고백할 때 '구원의 즐거움을 내게 회복시키고'(시 51:12)라고 기도했다. 다윗은 기쁨을 잃었다. 1년이 넘도록 그는 절망의 침울한 먹구름 속에 살았다. 시편 32편에서 그는 고백하지 않은 죄 때문에 몸까지 아팠다고 말한다. 양심의 가책에 시달려 병든 노인처럼 되었던 것이다. 당신이 그리스도 안에 있는 기쁨을 잃어버렸다면 혹 당신 삶에 고백하지 않은 죄가 있는지 두루 살펴보라.

우리의 기쁨을 앗아가는 둘째 도둑은 하나님 말씀을 소홀히 하는 것이다. 예수님은 "내가 세상에서 이 말을 하옵는 것은 저희로 내 기쁨을 저희 안에 충만히 가지게 하려 함이니이다"(요 17:13)라고 하셨다. 선지자 예레미야는 하나님 말씀에서 기쁨을 얻었다. 그는 '내가 주의 말씀을 얻어 먹었사오니 주의 말씀은 내게 기쁨과 내 마음의 즐거움'(렘 15:16)이라고 말했다. 나는 날마다 하루를 시작하기 전에 혼자 말씀을 읽는다. 내게 말씀해달라고 기도하면 하나님은 말씀해주신다. 내 형편이 아무리 어려워도 하나님은 언제나 약속이나 계명으로 내게 기쁨을 주신다. 더없는 기쁨을 원하거든 말씀을 읽으라.

우리의 기쁨을 앗아가는 셋째 도둑은 기도를 잊어버리는 것이다. 예수님은 "구하라 그리하면 받으리니 너희 기쁨이 충만하리라"(요 16:24)고 말씀하셨다. 우리의 자원은 빈약하고 유한하기 때문에, 거기에 의존하면 당신과 나는 비참해질 수밖에 없다. 한참 잘되고 있다고 생각될 때 우리의 자원은 바닥난다. 그러나 하나님의 자원은 바닥나는 법이 없다. 하나님은 각양 좋고 온전한 선물을 주시는 분이다. 그분의 부는 다함이 없다. 기도하면 하나님의 보물창고가 열린다. "구하라 그러면 너희에게 주실 것이요"(마 7:7). "너희가 얻지 못함은 구하지 아니함이요"(약 4:2). 지금 당신을 괴롭히는 문제가 있다면 시간을 내어 기도하라. 그러면 하나님의 기쁨이 다시 당신 마음에 충만해질 것이다.

죄를 짓거나 성경을 소홀히 하거나 기도하지 않음으로 당신의 기쁨을 빼앗기지 말라. 하나님은 당신이 기쁨을 누리기 원하신다. "여호와를 기뻐하는 것이 너희의 힘이니라." 기쁨은 삶이라는 기계에 기름을 쳐 매사가 훨씬 매끄럽게 돌아가게 한다. 기뻐하는 그리스도인은 강한 그리스도인이다. 마음이 기쁜 그리스도인을 유혹하려면 사탄도 더 애를 먹는다. 기뻐하는 그리스도인은 증거하는 그리스도인이다. 그들에게는 사람들에게 나누어줄 뭔가 신나는 것이 있기 때문이다. 사람들은 차이를 알아본다.

이제 기쁨을 나누는 법에 대해 알아보자. 오늘날 세상에 모자라는 일용품이 둘 있다면 그것은 사랑과 기쁨이다. 당신과 내가 하루 동안 만나는 사람들은 대부분 사랑과 기쁨에 굶주려 있다. 당신과 내가 성령 충만하여 그분의 능력 안에 걷는다면 사람들은 우리 삶 속에서 사랑과 기쁨을 볼 것이다. 우리는 사랑과 기쁨을 그때그때 만들어낼 필요가 없다. 사랑과 기쁨은 우리 삶 속에 끊임없이 자라고 번식하는 열매이기 때문이다.

기쁨을 어떻게 나눌수 있을까? 우리의 태도로 나눈다. 마음속에 기쁨이 흘러넘치면 숨기려 해도 숨길 수 없다! "나는 기쁘다"라는 광고판을 메고 다닐 필요가 없다! 사람들은 우리의 태도와 행동을 보고 알아본다. 우리가 그리스도 인이기에 사람들은 우리를 주시한다. 이는 그리스도가 내 삶에 이루어오신 놀라운 변화를 사람들에게 보일 수 있는 절호의 기회다. 사실 구원받지 못한 사람들은 단지 우리가 어떻게 하나 보려고 일부러 문제를 일으키는 경우도 있다.

기쁨에 찬 그리스도인은 또한 맡은 일을 불평 없이 즐겁게 함으로써 기쁨을 나눈다. 우리는 남에게 문제를 가중시키지 않으려 최선을 다한다. 우리는 문제의 일부가 아니라 해답의 일부다. 우리는 다른 사람들을 비난하지 않는다. 사랑으로 진실을 말한다. 기쁨에 찬 그리스도인은 삶의 짐을 불평 없이 감수함으로써 기쁨을 나눈다. 우리는 남들이 거들떠보지 않는 작은 일도 망설임 없이 맡는다. 그리고 큰일을 할 때면 그 공로를 기꺼이 다른 사람들과 함께 나눈다.

주변을 둘러보라. 외롭고 쓰라린 사람들 천지다. 그들에게는 그리스도인의 사랑과 기쁨이 잔뜩 필요하다. 그들이 함께 일하며 함께 먹고 함께 대화하기에 세상에서 가장 편한 사람들은 아닐 수 있다. 그러나 그들에게는 우리에게 있는 것이 필요하다. 그들에게 인도해달라고, 그들의 필요를 이해하게 해달라고 하나님께 기도하라. 동의할 수 없는 대목이 있더라도 그들의 말을 들어주라. 잊지 말라, 당신이 그들을 찾아가는 것은 변론에 이기기 위해서가 아니라 한 영혼을 그리스도께 인도하기 위해서다. 당신의 사랑과 기쁨의 태도는 곧 친구의 마음을 사로잡을 것이고, 그것은 그에게 그리스도를 나눌 기회로 이어질 것이다.

매일 매시간 우리에게는 기뻐할 일이 있다. 그러니 지금부터 기쁨의 태도를 기르라. 심령을 깨끗이 지키라. 말씀과 기도에 시간을 내라. 다른 사람들의 삶을 더 행복하고 편안하게 해줄 길들을 모색하라. 그렇게 할 때 당신에게 놀라운 일이 벌어질 것이다. 하나님의 사랑과 기쁨이 당신 마음에 충만해질 것이다.

삶의 역경을 위한 하나님의 자원

    1517년 10월 31일, 마틴 루터(Martin Luther)는 독일 비텐베르크(Wittenburg) 교회 문에 95개 조항을 못 박았다. 결과는 사가들이 말하는 종교개혁으로 이어졌는데 그것은 믿음으로 구원받는다는 진리를 사람들의 심령에 불러일으키려는 시도였다. 종교개혁으로 말미암아 회복된 것은 성경적 교리뿐만이 아니었다. 교회에서 찬송가를 부르는 것도 가능해졌다. 뛰어난 음악가였던 마틴 루터는 음악으로 자신의 신앙을 표현하고 사람들을 가르쳤다. "내 주는 강한 성이요"야말로 이 위대한 인물과 그의 사역에 가장 밀접한 관계가 있는 찬송이라고 할 수 있다. 시편 46편에 기초한 이 곡은 아무리 어려운 상황에서도 하나님을 의지하도록 오랜 세월 그리스도인들에게 감화를 끼쳐왔다.

시편 46편에는 삶의 역경 속에서 우리를 지탱해줄 하나님의 세 가지 자원이 나온다. 우선 우리는 피난처가 있기에 두려워할 필요가 없다. "하나님은 우리의 피난처시요 힘이시니 환난 중에 만날 큰 도움이시라 그러므로… 우리는 두려워 아니하리로다." 무슨 일이 벌어지든 주님 안에 우리의 피난처가 있다. 시편기자는 또 "그러므로 땅이 변하든지 산이 흔들려 바다 가운데 빠지든지… 우리는 두려워 아니하리로다"라고 썼다. 이는 "설사 지진이 일어나도 하나님이 내 피난처시고 내 힘이시니 나는 두려울 것 없다"는 말과 같다. 친구여, 하나님은 무엇에도 요동하거나 변하지 않으신다. 하나님은 사회의 격동이나 정부의 혼란에 구애받지 않으신다. 그분은 반석이시다. 요동치 않고 든든히 서 계신다. 당신과 내가 피난처를 찾아 그분께 달려가면 그분은 여상히 우리를 지켜주신다.

그러나 주목할 대목이 있다. 하나님은 우리의 피난처이시자 동시에 힘이시다. 우리가 그분께 달려감은 숨기 위해서가 아니라 도움을 얻기 위해서다. 그분이 우리를 숨기심은 우리를 도우신 뒤 다시 싸움터로 내보내시기 위함이다. 우리가 세상 속에서 그분 뜻을 이룰 수 있도록 말이다. 하나님이 우리를 숨기심은 응석이나 받아주기 위해서가 아니라 우리를 준비시키기 위해서다. 그분이 우리에게 힘을 주심은 우리를 쓰시기 위함이다.

이렇듯 우리는 피난처가 있기에 두려워할 필요가 없다. 시편 46편은 또 우리에게 강이 있기에 목마를 필요가 없다고 말한다. "한 시내가 있어 나뉘어 흘러 하나님의 성 곧 지극히 높으신 자의 장막의 성소를 기쁘게 하도다 하나님이 그 성 중에 거하시매 성이 요동치 아니할 것이라 새벽에 하나님이 도우시리로다." 예루살렘은 강변에 건설되지 않은 대도시다. 애굽의 대도시들은 나일 강변에 건설되었고, 바벨론은 유프라테스 강변에 건설되었으며, 로마는 티베르 강변에 건설되었다. 그러나 예루살렘 안에는 수원이 될 만한 강이 없었다.

경건한 왕 히스기야는 도시에 기상천외한 수로를 건설했다. 바위를 뚫고서 예루살렘에 물을 끌어들인 것이다. 고고학자들이 이 수로를 발견했는데, 예루살렘에 가면 당신도 그 수로 안을 걸을 수 있다.

시편 46편이 말하는 물은 물리적 강이 아니라 주님이 그 백성에게 주시는 영적 능력의 물줄기다. 성경에서 마실 물은 성령을 가리킨다. 요한복음 7장 37-39절에서 예수님은 성령을 생수의 강에 비유하신다. "누구든지 목마르거든 내게로 와서 마시라… 그 배에서 생수의 강이 흘러나리라 하시니 이는… 성령을 가리켜 말씀하신 것이라."

삶의 문제가 아무리 어려워도 우리는 피난처가 있으니 두려워할 필요가 없고 강이 있으니 목마를 필요가 없다. 하나님은 역경 중에도 꿋꿋이 견뎌낼 영적 능력을 우리에게 공급하신다. "만군의 여호와께서 말씀하시되 이는 힘으로 되지 아니하며 능으로 되지 아니하고 오직 나의 신으로 되느니라"(슥 4:6). "오직 성령이 너희에게 임하시면 너희가 권능을 받고"(행 1:8). 우리에게는 꿋꿋이 견뎌낼 힘이 없지만 성령으로 말미암아 우리는 이길 수 있다. "내게 능력 주시는 자 안에서 내가 모든 것을 할 수 있느니라"(빌 4:13). 당신은 그리스도를 자신의 구주로 믿고 있는가? 그렇다면 당신은 하루하루 순간순간 필요한 능력을 그분이 주실 것을 믿으며 사는가? "네 사는 날을 따라서 능력이 있으리로다"(신 33:25).

시편 46편에 우리에게 주시는 하나님의 셋째 자원이 나온다. 우리는 계시가 있기에 안달할 필요가 없다. "너희는 가만히 있어 내가 하나님 됨을 알지어다… 만군의 여호와께서 우리와 함께하시니 야곱의 하나님은 우리의 피난처시로다"(10-11절). 얼마나 놀라운 계시인가. "너희는 가만히 있어 내가 하나님 됨을 알지어다."

많은 사람들의 문제는 자신이 하나님인 줄 안다는 데 있다. 우리는 계획을 세워놓고 뒤에서 사람들과 상황을 조종하려 하지만 그래봐야 결국 모든 것이 무너져 내릴 뿐이다. '너희는 가만히 있어…' 무엇을 알라고 하시는가? '내가 하나님 됨을' 알라 하신다. "나는 존재한다" 또는 "나는 – 이다"(I Am)는 하나님의 크신 이름 중 하나다. 모세가 하나님 명대로 이스라엘을 애굽에서 인도하여낼 수 없다고 아뢰자 하나님은 모세에게 "내 이름을 명심하라. 나는 스스로 존재하는 자다"라고 말씀하셨다. "나는 존재하고 싶다"라든지 "존재하기를 희망한다"가 아니라 "나는 존재한다"고 하셨다! 모세는 하나님의 이름에 힘입고 나아가 적을 무찌르고 자기 백성을 해방시켰다.

지상에 계실 때 예수님도 하나님의 그 이름, "나는 – 이다"로 자칭하셨다. "나는 생명의 떡이라… 나는 선한 목자라… 나는 세상의 빛이라." 당신에게 무엇이 필요하든 예수님은 "내가 그것이라"고 말씀하신다. 인간의 이름은 "나는 – 이 아니다"이다. 홀로 존재하게 하는데 필요한 것이 우리에게는 없다. 그러나 하나님의 이름은 "나는 존재한다"이다. 그런 그분의 막강한 자원이 우리 것이다.

신학생 시절에 나는 "가만히 있으라"는 말이 문자적으로 "네 손을 떼라!"는 뜻이라고 히브리어 교수한테 들었다. "네 손을 떼고 내가 하나님 됨을 알지어다." "힘을 빼고 내가 하나님 됨을 알지어다"라고 옮겨도 무방하다. 다시 말해 "상황에서 네 손을 떼고 하나님 노릇을 그만둬라. 나한테 넘기라"는 뜻이다. 때로 우리는 큰 낭패를 보고나서야 포기하고 그분께 넘긴다. 그만큼 하나님은 기다리셔야 한다. 그렇게 오래 끌지 말라. 지금 당장 손을 떼고 하나님 방식에 따르라.

삶에 역경이 닥칠 때 우리가 의지할 수 있는 하나님의 놀라운 세 가지 자원이 여기 있다. 우리는 피난처가 있으니 두려워할 필요가 없다. 강이 있으니 목마를 필요가 없다. 계시가 있으니 안달할 필요가 없다. "너희는 가만히 있어 내가 하나님 됨을 알지어다." 내 주는 강한 성이요 방패와 병기 되시니!

28

정말로 중요한 부

고(故) J. 폴 게티(J. Paul Getty)는 세상 최고의 갑부로 유명했다. 언젠가 그는 인플레 때문에 1백만 달러의 값어치가 예전 같지 않다며 신문기자에게 불평한 적이 있다! 당신과 나는 1백만 달러가 있어도 뭘 해야 좋을지 아마 모를 것이다. 그런 거액의 돈이 그리스도인을 더 행복하거나 거룩하게 해줄지도 의문이다. 예수 그리스도가 우리 구주이시기에 우리는 세상에서 가장 부유한 자들이다. 에베소서 1장 3절이 가르쳐주는 것처럼 우리 그리스도인들은 '그리스도 안에서 하늘에 속한 모든 신령한 복'을 받았다.

바울의 서신을 받은 에베소 신자들은 부를 잘 아는 사람들이었다. 에베소는 부유한 도시였다. 고대 세계 7대 불가사의 중 하나인 거대한 다이애나(아데미)

신전이 거기 있었다. 신전은 시민들이 귀중품을 예탁하는 은행 역할도 했다. 해마다 다이애나 신전을 참배하려고 수많은 관광객들이 에베소를 찾았고, 기념품 판매 사업이 활기를 띠었음은 말할 나위도 없다.

그러나 에베소에는 값으로 매길 수 없는 부를 소유한 사람들이 있었다. 그렇다고 그들이 엄청난 금은보화를 숨겨둔 것도 아니었다. 그들에게는 그보다 더 좋은 것이 있었다. 아무도 빼앗을 수 없고 측량할 수 없는 부가 있었다! 바울은 에베소서 서두에 그 부를 언급했다. "찬송하리로다. 하나님 곧 우리 주 예수 그리스도의 아버지께서 그리스도 안에서 하늘에 속한 모든 신령한 복으로 우리에게 복 주시되"(1:3).

그리스도가 당신의 구주라면 이 부는 당신 것이다. 당신이 벌어들인 것도 아니고 받을 자격이 있는 것도 아니다. 예수 그리스도 안에 계시된 하나님의 은혜로만 그 부는 당신 것이다. 바울은 고린도 교회에 보낸 둘째 편지에 그것을 다른 식으로 표현했다. "우리 주 예수 그리스도의 은혜를 너희가 알거니와 부요하신 자로서 너희를 위하여 가난하게 되심은 그의 가난함을 인하여 너희로 부요케 하려 하심이니라"(고후 8:9). 이 부는 도대체 어떤 부인가? 이 물음에 답할 수 없다면 우리의 부는 무용지물이다! 약속의 땅에 들어간 이스라엘 백성에게 하나님이 주신 부와 비교하면 이 부를 가장 잘 이해할 수 있을 것이다.

우선 이스라엘의 부는 물질적인 것이었고 우리의 부는 영적인 것이다. 하나님은 그들에게 젖과 꿀이 흐르는 땅, 땅 속에 귀금속이 있고 땅 위에 풍작이 있는 땅을 약속하셨다. 풍성한 수확과 넘치는 양떼와 소떼를 약속하셨다. 때에 맞는 비를 약속하셨다. 심지어 애굽 땅에서 보았던 각종 질병도 없을 거라고 말씀하셨다. 참으로 하나님은 이스라엘에게 엄청난 부를 주셨다.

그러나 하나님이 그리스도인들을 이 세상에서 부하고 편하게 만들어주겠다는 약속은 신약 성경 어디에도 없다. 예수님 자신도 가난하셨고 제자들도 그랬다. 바울은 자신을 '가난한 자 같으나 많은 사람을 부요하게 하[는]' 자로 표현했다. 베드로는 '은과 금은 내게 없거니와' 라고 고백했다.

오늘날 부를 영성이나 하나님의 축복과 동등한 것으로 가르치는 부류들이 있다. 진정 헌신된 그리스도인이라면 고액의 연봉을 받고 일등석을 타고 다니며 고급 주택을 소유하고 병이나 걱정거리가 없으며 청구서 따위를 염려할 필요도 없다는 것이다. 신약의 그리스도인에 관한 한 내 성경에는 그런 가르침이 없다.

우리의 부는 영적인 것이다. 우리는 신령한 복 곧 '성령의 복'을 받았다. 이 복의 의미는 삶의 물질적 차원보다 훨씬 깊다. 하나님은 우리의 모든 필요를 채우기로 약속하셨고, 그분 이름에 영광을 돌리며 그분을 위해 사는 데 필요한 모든 영적인 복을 우리에게 주셨다. 삶이나 신앙 상태를 물질적 기준으로 평가하지 말자. 자신이 얼마나 많은 성령의 복을 정말 누리고 있고 삶 속에 베풀고 있는지 자문하자.

하나님이 이스라엘에게 주신 복과 예수 그리스도 안에서 우리 신자들이 누리는 복의 둘째 차이가 있다. 그들의 복은 이땅의 것이었고 우리의 복은 하늘의 것이다. 하나님은 그들에게 작물, 양떼, 소떼, 집안, 군대, 강우의 복을 약속하셨다. 기근과 질병과 환난이 없는 '지상천국의 나날'을 약속하신 것이다. 이 모두는 이 세상과 그 물질 세계와 연계된 복이다.

그러나 우리가 그리스도 안에서 누리는 복은 '하늘에 속한' 것이다. 지금 현재 예수 그리스도는 하늘에 앉아 계신다. 에베소서 2장 6절에 따르면 신자인 당신과 나도 그분 안에서 그분과 함께 앉아 있다. 우리 몸은 이땅에 있지만 영적으로는 그리스도와 함께 하늘에 속해 있다.

이 진리를 간단한 예화로 표현해보자. 사랑에 빠져본 적이 있는가? 사랑에 빠진 사람을 본 적은 있는가? 사랑에 빠지면 모든 언행이 사랑하는 사람과

연결된다. 몸이 어디 있든 마음과 생각은 사랑하는 사람과 함께 있다. 삶이 거기에 지배당한다.

당신과 나는 하늘에 속한 자다. 이땅에서의 우리 삶이 하늘에 지배당해야 한다는 뜻이다. 우리는 세상 위에 있다. 그리스도와 함께 우주의 보좌에 앉아 있다! 얼마나 큰 특권이며 책임인가! 그래서 바울은 말한다. "그러므로 너희가 그리스도와 함께 다시 살리심을 받았으면 위엣 것을 찾으라 거기는 그리스도께서 하나님 우편에 앉아 계시느니라 위엣 것을 생각하고 땅엣 것을 생각지 말라"(골 3:1-2). 우리의 부는 하늘에 있다. 우리 마음과 생각도 거기 있어야 한다.

우리의 부와 하나님이 이스라엘에 주신 그 땅의 부에 셋째 차이가 있다. 우리의 부는 조건적이며 한시적인 것이 아니라 값없고 영원하다. 유대인들은 하나님께 순종하는 한 그 땅에서 복을 받았다. 그러나 하나님께 불순종하면 그분은 비를 그치고 강을 말려 흉년이 들게 하고 그 땅에 자연적 재앙과 경제적 재앙을 보내셨다. 구약을 읽다보면 주께서 기근과 역병과 전쟁을 허락하여 그 백성을 징치하시는 경우가 자주 나온다. 그들의 복은 조건적이며 한시적인 것이었다.

그러나 그리스도 안의 우리의 신령한 복은 값없고 영원하다. 조건이 없다! 우리의 복의 근거는 율법이 아니라 은혜이기 때문이다. 당신이 구원받던 날 하나님은 그분 이름에 영광을 돌리며 풍성한 삶을 사는 데 필요한 성령의 모든 복을 당신에게 주셨다. 우리는 그리스도 안에서 온전하다. 더할 것도 없고 뺄 것도 없다.

그러나 이 복을 누리려면 당신은 주님께 복종하고 그분을 의지하며 이 무한한 영적 부를 믿음으로 가져다 써야 한다. 불순종하는 그리스도인은 탕자와 같다. 아버지 집에는 넘치는 부와 만족이 있지만 돼지우리에 있는 한 그것을 절대 누릴 수 없다! 하나님은 그리스도 안의 우리 복을 절대 거두지 않으신다.

다만 우리의 불신이나 불순종으로 그 복을 누리는 것을 스스로 잃어버리는 것이다.

그리스도를 믿고 거듭날 때 당신은 부자로 태어났다. 당신과 내가 만일 영적인 복을 잘 받아 누린다면 하나님이 물질적 복과 은혜도 알아서 주실 것을 확신해도 좋다. 자신이 그리스도 안에서 얼마나 부자인지 성경을 읽으며 깨달으라. 그러고나서 무릎 꿇고 기도하라. 그 복을 믿음으로 가져다 쓸 수 있게 해달라고 기도하라. 왕처럼 살 수 있는데 굳이 거지처럼 살 까닭이 전혀 없다!

이 산지를 내게 주소서

나라마다 잊혀진 영웅들이 있다. 구약 역사도 마찬가지다. 아브라함, 이삭, 야곱, 요셉, 모세, 다윗 같은 사람들은 쉽게 떠오른다. 그러나 갈렙이라는 사람에 관해 우리는 과연 얼마나 자주 듣는가? 갈렙은 85세의 나이에 여호수아에게 나아가 약속의 땅 가운데 자기 유업을 요구했다. 그는 "이 산지를 내게 주소서"라고 말했다. 이 시대 우리에게 얼마나 귀한 귀감이 되는가!

이스라엘 민족이 약속의 땅에 가까이 왔을 때 모세는 열두 명의 정탐꾼을 보내 그 땅을 탐지하게 했다. 그들은 풍요로운 땅에 대한 생생한 보고를 가지고 돌아왔고, 실과 견본까지 가져왔다. 두 사람이 메야 할 정도로 큰 포도송이도 있었다. 그러나 슬프게도 그 가운데 열 명은 하나님이 자기들에게 그 땅을 주실 수 있다는 믿음이 전혀 없었다. 그들은 도시의 성벽과 그 안에 사는 거인들만 보았다. 반면 두 정탐꾼 여호수아와 갈렙은 하나님이 능히 승리를 주실 수 있다고 백성들을 납득시키려 했다. 하지만 다수결이라 했던가. 이스라엘 민족은 광야로 후퇴했다. 모세와 여호수아와 갈렙을 제외한 그 불신 세대가 모두 죽을 때까지 그들은 40년 동안 광야에서 유리해야 했다.

하나님은 과연 그 백성을 약속의 땅으로 인도하셨다. 여호수아는 그들을 이끌고 요단강을 건너 그 땅에 들어갔다. 그리고 싸우는 족족 승리했다. 드디어 백성들이 자기 몫의 유업을 청구할 때가 되었다. 바로 이때 갈렙이 "이 산지를 내게 주소서"라고 말한 것이다. 갈렙은 쉬운 곳을 청하지 않고 험한 곳을 청했다. 성경에 보면 그 산지에는 거인 족속이 성벽을 치고 거주하고 있었지만 그런 장애물도 갈렙을 막을 수는 없었다. 그는 산지를 요구했고, 하나님을 믿는 믿음으로 그곳을 정복하여 가문에 자자손손 물려주었다.

잊혀진 영웅 갈렙에게서 우리가 배우는 교훈은 무엇인가? 우선 우리는 다른 사람들이 **패배했다고** 해서 **나까지 패배자가 될 필요는 없다는** 사실을 배운다. 열 명의 정탐꾼과 나머지 이스라엘 백성의 불신 때문에, 유업을 누릴 수 있었던 갈렙마저 40년간 광야를 유리해야 했다. 그러나 갈렙은 다수가 틀렸다고 해서 덩달아 포기하지 않았다. 갈렙은 언젠가 자기가 유업을 얻을 것을 알고 계속 하나님을 신뢰했다.

어쩌면 당신도 타인의 실수나 죄 때문에 고생하고 있을지도 모른다. 갈렙을 보며, 다른 사람들이 어떻게 하든 하나님을 신뢰하는 것이 중요함을 배우라. 갈렙처럼 우리도 언젠가 하나님이 내 믿음을 인정하며 유업 주실 것을 알고 충분히 기다릴 수 있다. 갈렙의 몸은 비록 몸은 광야에 있었지만 마음은 약속의 땅에 있었다. 우리 그리스도인들도 그렇게 살아야 옳지 않은가? 우리의 시민권은 하늘에 있다. 우리 마음도 하늘에 있어야 한다. 계속 주님을 의지하

라. 당신의 유업은 그분과 함께 안전하다.

구약의 강인한 영웅 갈렙을 생각하면 할수록 존경심이 솟는다. 그는 정말 믿음의 사람이었다. 모든 백성이 하나님을 의심할 때도 갈렙은 하나님을 믿었고, 언젠가 그분이 약속한 상을 주실 것을 확신했다. 그러나 그가 우리에게 가르쳐주는 둘째 교훈이 있다. 주님을 위해 싸워 이기는 것에 나이는 장벽이 될 수 없다는 점이다. 그는 85세였다! 그런 그가 산지를 구했다! 그것도 그냥 산이 아니고 거인 족속과 강한 용사들이 거느리던 산이었다. 85세면 편안한 골짜기에 안주하기 좋은 나이다. 그러나 갈렙은 산지를 구했다.

나이 들어 당신의 일이 끝났다고 생각되거든 그런 생각을 머릿속에서 깨끗이 지워버리라. 갈렙의 노년은 쇠퇴기가 아니라 더 높이 도약하는 시기였다! 그는 산지에 살기 원했다! 삶에 대해 낙관적이며 열정적인 태도를 품는 것은 얼마나 중요한가. 갈렙은 자신의 황금기가 끝났다고 말하지 않았다. 그는 자신의 황금기가 아직 오지 않았다고 말했다.

물론 갈렙이 아직 건강했다는 것은 큰 의미가 있다. 그러나 갈렙의 힘은 하나님을 믿는 믿음에서 왔다. 그는 하나님이 능히 적들을 물리치시고 자기에게 유업을 주실 것을 알았다. "세상을 이긴 이김은 이것이니 우리의 믿음이니라"(요일 5:4). 불평은 죄다. 염려도 죄다. 그러나 미래에 대해 하나님을 신뢰하며 그분의 유업을 주장하는 것은 기쁨과 만족의 삶에 들어가는 것이다.

지금 당신 앞에 어떤 산이 있는지 나는 모른다. 어쩌면 병원비나 다른 여러 가지 상환금 등 빚더미의 산에 앉아 있을 수도 있다. 고난의 산에 있을 수도 있다. 또는 수술을 앞두고 있을 수도 있다. 그 산을 피해야 할 적으로 보지 말고 차지해야 할 유업으로 여기라. 하나님께 그 산지를 달라고 기도하라. 끝내 당신에게 승리를 주실 그분을 의지하라.

갈렙은 우리에게 뒤를 보지 말고 앞을 보라고 가르친다. 이스라엘 민족이 드디어 가나안 땅에 입성했을 때 갈렙은 주저앉아 삐딱해질 수도 있었다. 그는 지도자들에게 자기가 소수의 옳은 쪽에 속했던 사실을 – 가표(可票)를 던졌음을 – 상기시킬 수도 있었다. 그는 허송세월하며 방황한 40년을 돌아보며 불평할 수도 있었다. 그러나 그러지 않았다! 뒤를 돌아보는 대신 갈렙은 앞을 내다보며 산지를 청했다.

뒤를 돌아보는 것도 중요하다. 모세는 백성들에게 그동안 인도해주신 하나님을 기억하라고 당부했고, 하나님이 해주신 일들을 잊지 말라고 경고했다. 성찬식 때 우리는 뒤를 돌아보며 그리스도를 기억하고 그분이 우리를 위해 십자가에서 죽으신 것을 기억한다. 동시에 우리는 그리스도께서 자기 백성을 위해 다시 오실 그날을 내다본다. 뒤를 돌아보는 것 자체는 죄가 아니다. 그러나 뒤를 보느라 앞을 내다보지 않는다면 하나님께 불순종하는 것이다.

갈렙은 뒤를 돌아보지 않았다. 그는 앞을 내다보며, 하나님이 자기에게 승리의 미래를 주실 것을 믿었다. 갈렙의 모토는 "최고는 아직 오지 않았다!"였다. 참된 그리스도인의 모토도 그래야 하지 않겠는가? 언제나 새로 받을 축복, 새로 배울 교훈, 새로 얻을 승리가 있다. 하나님이 수시로 우리 삶에 새로운 도전을 주지 않으신다면 삶은 지독히 따분할 것이다.

갈렙의 승리가 아름다운 것은 그가 그 산지를 가문의 유업으로 남길 수 있었다는 점 때문이다. 이후로 그의 후손들은 자자손손 그 산지를 누렸다. 우리가 살면서 내리는 결정들은 다른 사람들에게 영향을 미친다. 삶의 도전에서 달아난다면 우리는 다른 사람들에게 남길 유업을 잃게 된다. 그러나 갈렙처럼 도전에 정직히 맞서 믿음으로 취한다면 우리의 유업은 풍성해지고 그것으로 인해 다른 사람들도 복을 누린다.

갈렙을 생각할 때마다 나는 예수 그리스도를 떠올리지 않을 수 없다. 어느 날 그분 앞에 갈보리라는 산지가 나타났다. 그 갈보리에서 예수님은 세상 죄를 위하여 죽으셨고 그로 인해 역사상 최고의 유업을 차지하셨다. 그분 덕에 죄인들이 하나님 자녀가 되어 천국에 들어갈 수 있게 된 것이다. 그분은 우리에게 어마어마한 유업을 남기셨다. 사도 베드로의 말대로 이는 '썩지 않고 더럽지 않고 쇠하지 아니하는'(벧전 1:4) 유업이다. 갈렙은 이 유업을 차지하기 위해 거인들과 수차례 싸워야 했다. 예수님은 갈보리에서 단번의 싸움을 싸우셨다. 그리고 승리를 얻기 위해 자기 목숨을 내주셨다. 지금 그분은 만왕의 왕, 만주의 주로 다스리고 계신다. 우리도 그분께 자신을 바치면 그분과 함께 다스린다.

당신의 산지를 차지하고 싶거든 우선 그리스도께 자신을 드리라. 그분만이 당신에게 삶에 맞서 적을 무찌를 믿음과 용기를 주실 수 있다.

자족

　환경이 당신을 괴롭히고 있는가? 지금 당신 삶에서 아무런 변화도 원하지 않는데 모든 것이 자꾸만 변하고 있는가? 새로운 환경이나 새로운 사람들에게 적응해야 하는 상황인가? 그렇다면 바울이 당신에게 해주는 좋은 말이 있다. "어떠한 형편에든지 내가 자족하기를 배웠노니"(빌 4:11).

　환경이나 물질의 터에 행복을 쌓는 것은 중대한 과오를 범하는 것이다. 환경은 변하고 물질은 으레 닳아져 가치를 잃기 때문이다. 참된 내적 평안은 변화하는 외부 환경에 기초할 수 없다. 보다 깊고 확실한 것이 필요하다.

　그러나 대다수 사람들은 이 세상의 지나가는 외적인 것 위에 행복을 쌓는다. 그래서 그들은 결코 진정으로 행복을 누리지 못한다. 최근에 나와 대화한 어느 부인은 계속 이 말만 했다. "오, 남편만 다시 돌아온다면 아무것도 아깝지 않을 텐데!" 남편이 돌아오지 않으리란 것은 그녀도 알고 나도 안다. 공상 속에 살아가는 것이 어리석다는 것도 그녀는 안다.

진정한 자족은 내면에서 와야 한다. 주변 세계는 당신과 내가 바꾸거나 통제할 수 없지만 내면 세계는 우리가 바꾸고 통제할 수 있다. 속이 실하면 삶도 나를 어쩌지 못한다는 말이 있다. 바울의 위대한 간증도 그런 의미다. "어떠한 형편에든지 내가 자족하기를 배웠노니."

자족이란 안일을 뜻하는 말이 아니다. 바울은 안일과 거리가 먼 사람이다! 그는 잃어버린 영혼들에 대한 부담을 느꼈고, 위험과 박해에도 아랑곳없이 도시마다 복음을 전했다. 자족이란 세상을 벗어나 환난과 시련을 면하려는 몽상적 태도나 모호한 감정이 아니다. 어떤 사람들은 어떻게든 삶의 상처와 걸림돌과 고통을 요리조리 비켜가려고 항상 새로운 도피의 길을 찾아다닌다. 이는 자족이 아니다.

사실 바울이 사용한 단어는 '내실'로 옮기는 것이 가장 좋다. 안으로 충족하다는 개념이다. 다시 말해 바울은 이렇게 말하는 셈이다. "나는 속에 있는 것으로 충족하므로 밖에 있는 것들을 의존하지 않는다." 물론 이 충족된 내면은 바울의 삶 속에 있는 예수 그리스도의 능력이다. 이어지는 말을 보면 안다. "내게 능력 주시는 자 안에서 내가 모든 것을 할 수 있느니라"(13절).

그렇다면 자족은 사실상 내실이다. 삶에 용감히 맞서 거뜬히 대처할 영적 자원을 안에 갖추고 있다는 뜻이다. 자족은 하나님의 충족이다. 내면에 영적 우물이 있어 세상의 깨진 수조로 물을 길러갈 필요가 없는 것이 자족이다. 속사람 안에 그리스도의 능력만 있으면 우리는 삶의 요구를 충족시킬 수 있다. 친구, 상담자, 격려 등 외부의 자원은 내면의 자원에 보조 역할을 할 뿐이다.

당신 삶에서 버팀목과 지지대를 다 떼어내도 당신은 설 수 있는가? 내면에 하나님의 충족과 만족이 있는가? 하나님 방식에 따를 마음만 있다면 당신도 그것을 얻을 수 있다.

바울은 그런 고차원의 신앙 상태에 어떻게 도달했을까? 그는 '내가 배웠노니'라고 말한다. 즉 자족은 그의 구원에 자동으로 따라온 본래 은사가 아니었다. 바울은 자족을 배웠다. '경험으로 배웠다'는 뜻이다.

당신과 나는 대개 여기서 넘어진다. 우리는 내적 자족과 영적 충족을 당장 얻고 싶어한다. 책을 한 권 읽거나 기도를 한 번 해서, 혹은 설교 한 편을 듣고서 말이다. 그러나 속사람의 내실은 그렇게 다져지는 게 아니다. 경험으로 배워야 한다. 환난과 시련과 역경과 희생을 경험하고 삶의 변화에 부딪쳐야 한다는 뜻이다. 모든 것이 항상 그대로라면 우리는 현상유지에 숨이 막혀 죽을 것이다. 삶은 편안한 관(棺)이 된다. 하지만 편안한 시체가 되고 싶은 사람이 누가 있겠는가?

변화에 대한 저항은 불만과 염려의 주원인 가운데 하나다. 우리는 자신도 자녀도 삶도 지금 이대로 있기를 원한다. 우리는 변화에 항거하며 그렇게 함으로써 자족을 스스로 잃어버린다. 하나님께 자신을 드리기만 하면 그분이 능히 주실 자족을 말이다. 남편과 사별한 내 친구 하나는 남편이 죽었다는 괴로운 현실에 몇 년째 저항하고 있다. 저항한다고 남편이 돌아오지는 않지만 자신이 삶의 변화를 수용해야 한다는 당위성은 피할 수 있다. 그녀의 백일몽은 현실의 상처를 막아주는 완충 장치다. 그러나 그것은 그녀의 성장을 가로막는 편리한 대용품이기도 하다.

변화가 없으면 도전이 없고 도전이 없으면 성장이 없다. 고립되고 단절된 삶을 산다면 도전에 부딪칠 일도 없겠지만 그것은 성숙해질 기회도 없다는 뜻이다. 성숙한 사람들에게 삶이란 싸움터다. 그들은 기꺼이 싸움에 부딪쳐 믿음으로 승리한다. 미성숙한 사람들에게는 삶이 놀이터일 뿐이다. 그들은 싸움을 피한다. 주 안에서 승리하며 성장하는 기쁨을 통 모른다는 뜻이다.

바울이 인생이라는 학교에서 어떤 수업을 받고 어떤 시험을 치렀는지 보려면 고린도후서 11-12장을 읽어보면 된다. "옥에 갇히기도 더 많이 하고 매도 수없이 맞고 여러 번 죽을 뻔하였으니… 세 번 태장으로 맞고 한 번 돌로 맞고 세 번 파선하는데 일 주야를 깊음에서 지냈으며…"(23-25절). 여기에다 여러 번 여행중에 겪은 위험, 적들의 박해, 모든 교회를 염려하는 짐까지 더하면 바울의 삶이 결코 만만치 않았음을 알 수 있다. 그는 '수고하며 애쓰고… 주리며 목마르고… 춥고 헐벗[으며]'(27절). 섬겼다.

그러나 바울이 주저앉아 자기연민에 빠졌던가? 아니다! 소명을 단념하고 은퇴할 곳을 찾았던가? 아니다! 바울은 포기하지 않고 위를 보았다. 하나님 뜻을 이루며 그리스도를 위해 살아갈 은혜를 구했다. 하나님은 "내 은혜가 네게 족하도다"(12:9)고 말씀하셨다. 바울은 성령의 내적 자원을 발견했다. 당신과 나도 자족하려면 동일한 자원을 발견해야 한다. 바울은 내실을 다지는 법, 즉 그리스도를 위해 살아갈 모든 자원을 속에 품는 법을 고된 경험을 통해 배웠다.

당신이 저항하며 불평하고 있는 그 역경이 바로 하나님이 당신에게 내적 평안과 충족을 주시려는 통로일 수도 있다. 그만 저항하고 그리스도께 승복하라. 그러면 당신도 자족의 비결을 터득할 것이다.

바울의 빌립보서를 읽을 때마다 나는 그것이 로마 감옥에서 쓰인 편지임을 떠올리곤 한다. 바울은 하루 24시간을 사슬에 묶인 채 로마 병사의 감시를 받는 로마의 죄수였으며 곧 처형될 수도 있었다. 그러나 이 편지에는 기쁨이 배어 있다. 이 짧은 편지에 기쁨이나 기뻐하다라는 말이 18번이나 나온다. 참된 기쁨은 편안한 외부 환경이 아니라 내면의 영적 충족에서 오는 것임을 바울은 알았다. 감옥에 있든 왕궁에 있든, 친구들과 함께 있든 적들과 함께 있든, 바울에게는 그리스도가 주시는 내적 충족이 있었고 그것이 그를 끝까지 지켜주었다.

　이 내적 자족은 어떻게 표출될까? 우선 평안이 온다. 그래서 우리는 와르르 무너져 내리거나 충동적으로 행동하지 않는다. 또 인내가 생긴다. 그래서 우리는 주변 모든 것이 와해되어도 든든히 서 있을 수 있다. 내적 평안과 여유가 있으니 우리는 상황의 주인이 된다. 피해자가 아니라 승리자가 되는 것이다. 우리는 상황을 똑바로 직시하고, 정직하게 부딪치며, 지혜롭고 용감하게 대처할 수 있다.

　사도행전 27장을 읽으면 풍랑 속에서도 자족한 바울을 볼 수 있다. 죄수로 승선한 바울이 얼마 지내지 않아 선장이 되었다! 다른 사람들이 포기한 상황에서 바울은 하나님이 일행의 목숨을 건져주실 거라고 공언했다. 그는 "그러므로 여러분이여, 안심하라 나는… 하나님을 믿노라"(25절)고 말할 수 있었다. 바울은 삶에 어떤 상황이 닥쳐도 그리스도로 말미암아 자족하는 법을 경험을 통해 배웠던 것이다.

　이 비밀은 사도들만의 것이 아니다. 배울 마음만 있다면 모든 그리스도인의 것이다. 바울의 감동적인 간증을 다시 들어보라. "어떠한 형편에든지 내가 자족하기를 배웠노니… 내게 능력 주시는 자 안에서 내가 모든 것을 할 수 있느니라."

고난의 삶에 소망을 말하다

1쇄 인쇄 / 2006년 2월 6일
2쇄 발행 / 2007년 12월 10일

지은이 / 워렌 위어스비
옮긴이 / 윤종석
펴낸곳 / (주)도서출판 디모데〈파이디온선교회 출판 사역 기관〉

등록 / 2005년 6월 16일 제319-2005-24호
주소 / 서울 강남구 포이동 164-21 파이디온 빌딩 6층
전화 / 영업부 02)574-2630
팩스 / 영업부 02)574-2631
홈페이지 / www.TPH.kr

값 7,500원
ISBN 89-388-1218-9
Copyright ⓒ(주)도서출판 디모데 2005 〈Printed in Korea〉